AF474624

VOYAGE
EN PORTUGAL.

III.

VOYAGE EN PORTUGAL,

FAIT DEPUIS 1797 JUSQU'EN 1799,

PAR M. LINK ET LE COMTE DE HOFFMANSEGG;

CONTENANT une foule de détails neufs et intéressans sur la situation actuelle de ce royaume, sur l'histoire naturelle et civile, la géographie, le gouvernement, les habitans, les mœurs, usages, productions, commerce et colonies du Portugal, spécialement le Brésil.

TRADUIT DE L'ALLEMAND,

ET ACCOMPAGNÉ DE LA CARTE GÉNÉRALE DU PORTUGAL.

TOME TROISIÈME.

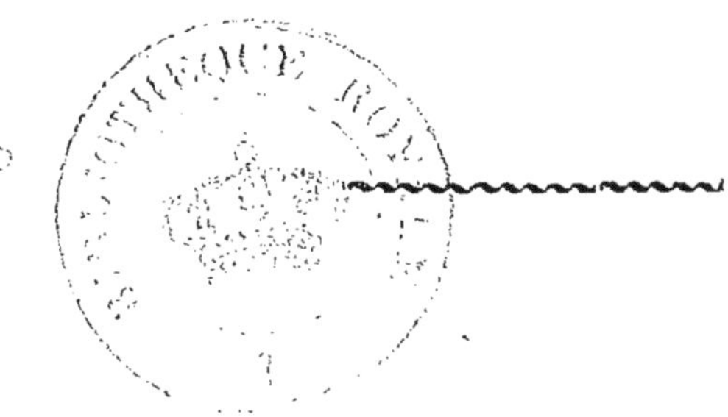

PARIS,

DENTU, IMPRIMEUR-LIBRAIRE,
Rue du Pont-de-Lodi, n.° 3.

1808.

AVIS DES ÉDITEURS.

L'ACCUEIL qu'a reçu le VOYAGE EN PORTUGAL, par M. LINK, nous est un sûr garant du succès qu'obtiendra cet Ouvrage, qui renferme les rectifications de plusieurs passages contenus dans les deux volumes que nous avons publiés, et des développemens que ceux-ci ne présentent pas. Cet empressement à profiter des nouveaux renseignemens qu'il a pu se procurer, et l'aveu qu'il fait des obligations qu'il a eües pour son travail à M. le Comte de HOFFMANSEGG, attestent le bon esprit de l'auteur, honorent son caractère, et doivent mériter à ses observations une grande confiance.

Les Voyages de M. LINK, traduits, il y a peu de temps, en anglais, ont obtenu les suffrages unanimes de toutes les personnes qui ont visité le Portugal, ou qui entretiennent des relations avec ce pays. Il est vrai que plusieurs Ouvrages ont déjà paru sur cette contrée; mais aucun n'est aussi impartial, aussi détaillé, ni aussi complet. Les talens de l'auteur et ses connaissances devaient lui offrir ce succès, sur-tout lorsqu'il s'est vu secondé par M. le Comte de HOFFMANSEGG, qui est aussi distingué par son savoir et l'excellent esprit qui l'anime, que par l'emploi honorable qu'il fait de sa fortune.

AVERTISSEMENT
DE L'AUTEUR.

JE me suis principalement attaché, dans ce troisième volume du *Voyage en Portugal*, que j'offre au public, à rectifier plusieurs passages contenus dans les deux premiers, et à donner la relation des Voyages entrepris dans ce pays par M. le Comte de *Hoffmansegg*, après mon départ.

En 1802, j'ai eu le plaisir de revoir M. le Comte de *Hoffmansegg* à Rostock, où nous avons terminé notre travail sur la *Flora Lusitanica*, que nous ferons paraître incessamment. Dans nos entretiens fréquens sur le Portugal, il me fit part de plusieurs observations qu'il avait été à portée de recueillir à Lisbonne, où il consulta des personnes qui ont une connaissance particulière de ce pays; et c'est d'après ses avis que je fis les rectifications que je soumets à l'approbation du public avec d'autant plus de confiance, que j'ai fait le sacrifice de l'amour-propre d'auteur, au mérite d'une plus grande exactitude. Je n'ai omis aucune correction, même sur les objets les moins importans, et je suis flatté de voir qu'en général mes observations aient été reconnues conformes à la vérité, quoique mes recherches sur la botanique aient souvent détourné mon attention de tout autre objet, et que la beauté du climat, la richessse de la végétation, la complaisance et la politesse des habitans, même des classes inférieures de la campagne, m'aient souvent fait préférer le séjour des champs à celui des grandes villes.

M. le Comte de *Hoffmansegg* ne s'est pas borné à me faire profiter de ses observations isolées sur le contenu des deux premiers volumes de mon voyage; il a encore eu la bonté de permettre que je me servisse du journal des excursions botaniques qu'il a faites en Portugal après mon départ. Lorsque l'expiration du congé que j'avais obtenu du prince auquel je suis attaché, me força de partir, il me restait encore une province intéressante, le Traz os Montès, à parcourir, ainsi que les bords du Minho et les lieux où le Tage entre en Portugal. Le Comte de *Hoffmansegg* visita toutes ces contrées pendant mon absence. Il se rendit de Lisbonne à Portalègre, et de là à Montalvao, en passant le Tage, et il retourna par Castello-Branco. Dans un second voyage, il parcourut avec tant de soin le nord du Portugal, et principalement la province de Traz os Montès, que l'on peut affirmer que personne (sans même en excepter les Portugais) ne connaît mieux que lui toutes les parties de ce royaume. La connaissance qu'il a des langues de l'Europe, le met à même d'acquérir des connaissances dans tous les genres, et ne le rend étranger nulle part. D'ailleurs, avant mon arrivée en Portugal, il avait séjourné six mois à Lisbonne, où il était accompagné de M. *Tilesius*.

Si ce volume renferme plusieurs observations intéressantes, le public en est redevable à M. le Comte de *Hoffmansegg*; mais s'il se trouve quelques inexactitudes dans la manière dont les objets sont présentés, ou bien dans les détails, il faut les attribuer uniquement à moi. Je dois ajouter que si M. de *Hoffmansegg* a eu quelque influence sur mon travail, même sous le rapport de la rédaction, ce n'est qu'à moi qu'il faut attribuer toutes les observations que renferme mon Ouvrage, soit sur plusieurs points de politique, soit sur le caractère national des Portugais, soit enfin le jugement que j'ai pu porter sur quelques individus.

TABLE DES CHAPITRES.

Fin de la Table.

VOYAGE

VOYAGE
EN
PORTUGAL.

CHAPITRE Ier

LA PROVINCE DE TRAZ OS MONTÈS.

1.° *Montéalègre*, *Chaves*.

En parcourant le Portugal, nous n'avions pas été à portée de visiter la province de *Traz os Montès*, qui est d'une étendue considérable; elle renferme des plantes que nous ne connaissions pas jusqu'alors. *Tournefort* et *Antoine de Jussieu*, qui voyagèrent en Portugal au commencement du XVIII.e siècle, dans le dessein d'enrichir la botanique de quelques nouvelles productions, y ont trouvé un grand nombre de plantes qui échappèrent à nos recherches. Le professeur *Brotéro*, à

Coimbre, ne put nous donner aucun renseignement à ce sujet. Il était probable que ces plantes existaient dans cette province, car nous eûmes des indices que ces deux savans avaient traversé cette partie du Portugal, lorsqu'ils retournèrent en Espagne. M. le Comte de *Hoffmansegg*, en visitant les provinces septentrionales du Portugal, en 1800, porta une attention particulière sur cette contrée. Nous le suivrons dans ce voyage, et nous joindrons ensuite des observations générales sur cette province.

Une chaîne de montagnes, nommée *Serra de Gérez*, dont il a été fait mention dans la seconde partie de ce voyage, sépare la province *Entre Minho e Douro* de celle de *Traz os Montès*. En partant des bains du Gérez pour aller à *Montéalégre*, on traverse *Villar de Veiga*; la route tourne ensuite à gauche jusqu'au village de *Salamonde*, et à *Vendas-novas*, auberge située à trois lieues des bains chauds, dans la province de Traz os Montès. Cette route serpente le long de la chaîne de montagnes; à gauche, on apperçoit une vallée au fond de laquelle coule un torrent, traversé par un pont qui présente un coup-d'œil pittoresque. Au-delà de Vendas-novas on apperçoit une haute montagne, nommée *Alturas de Barrozo*, qui offre un aspect sauvage ; les villages sont entourés de bouquets de chênes et de bouleaux ; la contrée présente ensuite un plateau élevé. Nous n'apperçûmes au bord des forêts que les fleurs violettes du chien-dent. Montéalègre est une petite ville dominée par un château en ruines ; elle est située au centre de quelques collines, et entourée de forêts de chênes et de bouleaux, de prairies et de champs cultivés. La température y est très-rigoureuse. Dans la nuit du 21 au 22 mars, il avait tellement gelé par un vent d'est, que les mares d'eau étaient couvertes de glace, et les chemins impraticables pour les mulets. La montagne nommée *Alturas de Barrozo*, était couverte de neige dès le 21 du même mois. La situation de Montéalègre est fort élevée ; elle surpasse même celle de la gorge de *Portéla de Homen*, dans les montagnes du Gérez. On compte quatre lieues de Vendas-novas à Montéalègre.

Les montagnes aux environs de *Chaves* sont moins élevées. Cet endroit est caché par des collines ; on ne l'apperçoit qu'à une petite distance. On est surpris de rencontrer dans ce pays de montagnes une plaine considérable et bien cultivée. Le *Taméga*, dont la largeur est de vingt à trente pas, est traversé par un pont de pierre qui réunit le fort de *Santa-Maria-Magdalena* à la ville. Au-delà de cette rivière, la plaine s'étend à une demi-lieue vers l'est, jusqu'à quelques montagnes peu élevées; mais elle suit le cours du Taméga pendant trois lieues, et acquiert une plus grande étendue en entrant dans la Gallice qui est à deux lieues de distance. Le Portugal est tellement entrecoupé de collines et de montagnes, que l'aspect d'une plaine y produit la sensation la plus agréable.

Chaves, ville assez considérable, à cinq lieues de Montéalègre, fait partie du district de Bragance; le *Corrégédor Ouvédor* y fait sa résidence habituelle. Une ville située comme celle-ci, dans une plaine (chose très-rare sur les frontières élevées du Portugal), qui s'étend jusqu'en Espagne, devrait être bien fortifiée. Elle mériterait alors son nom et ses armes (deux clefs en sautoir) ; car elle deviendrait la clef du nord du Portugal et de la Gallice. Elle renferme une nombreuse garnison, qui consiste en deux régimens de cavalerie, un régiment d'infanterie et un détachement d'artillerie de Porto. Les fortifications sont en mauvais état ; elles ont été en partie détruites par l'hiver pluvieux de 1799 à 1800. Dans la guerre de 1762, Chaves tomba au pouvoir des Espagnols par surprise, ce qui fut cause que *Pombal* y fit ajouter après la paix quelques ouvrages extérieurs. Ne serait-on pas en droit de blâmer en Portugal et sur-tout dans l'étranger, la conduite de la garnison de Chaves, si cette place, que l'on met au nombre des forteresses, eût promptement capitulé dans la dernière guerre? Des soldats obligés de faire résistance dans une place dont les fortifications ont été dégradées par un hiver pluvieux, ne sont-ils pas fort à plaindre ?

A peu de distance de la ville, dans la direction S. O., on trouve plusieurs sources chaudes, dont les habitans font usage ; elles ne sont pas renommées. Elles étaient connues du tems des Romains, qui nommèrent la ville située dans leur voisinage, *Aquæ Flaviæ*. Ce nom se retrouve sur quelques restes d'antiquités qu'on a découverts à Chaves. On prétend que le pont, sur le Taméga, a été également construit par les Romains du tems de *Trajan*.

Le district de Chaves, à vingt-huit lieues carrées d'étendue, renferme cent quatre-vingt-seize villages, sept mille soixante-dix-huit feux, et trente-trois mille huit cents ames, ce qui donne mille deux cent sept habitans par lieue carrée, population assez considérable. La ville de Chaves contient six cent quatre-vingts maisons et trois mille six cent cinquante ames. L'industrie et le commerce y sont peu florissans. Les deux cinquièmes du district sont couverts de châtaigniers et de quelques autres arbres; un cinquième est en friche, et deux cinquièmes sont cultivés. On cultive beaucoup de seigle; on recueille du maïs, du froment et des pommes de terre, mais peu de vin et d'huile, et presque point de soie. Les autres productions consistent en lin, dont on récolte annuellement six mille arrobes (l'arrobe a vingt-huit livres) ; en laine, quatre mille arrobes par an ; et en cire, deux cens arrobes. On se sert d'une charrue particulière, dont le soc est courbé et qui ne trace que des sillons peu profonds éloignés de seize pouces ; comme la trace du soc n'a que quatre pouces de largeur, il reste entre chaque sillon une espace de dix à douze pouces en friche. Cette méthode est usitée dans plusieurs provinces du Portugal ; elle est sans doute une des causes principales du peu de rapport des terres. On ne fume point les champs, parce qu'on s'imagine que cela est inutile. On laboure quatre fois, et on herse autant ; les herses ressemblent aux nôtres, mais leurs pointes sont en bois. Le rouleau n'est pas en usage, car on trouve qu'il est trop pénible de le conduire chaque jour dans les champs et de le ramener. Quoique le cultivateur Portugais craigne le travail, il se livre cependant à une occupation pénible, qu'il répète deux fois par an, celle d'amonceler la terre autour du maïs et d'autre bled. Dans ces contrées, le bled est battu, au lieu que dans les provinces méridionales, il est foulé par les bestiaux. La population n'étant pas considérable, les paysans s'assistent mutuellement pour récolter leur bled. Il arrive souvent que dans les lieux où il y a de l'eau, on inonde les champs pour les laisser ensuite quatre ou cinq ans en friche. On conçoit aisément qu'un pays aride est, pour ainsi dire, forcé de produire par cette méthode.

Il n'y a point de bestiaux dans ce district; on les achète communément en Gallice. Les moutons sont de la plus mauvaise race; on prétend même que ceux qui y sont transplantés, y dégénèrent. On doit en attribuer la cause aux mauvais pâturages; on employe pour cet effet les communautés incultes. La division par communautés, qui fut entreprise par ordre du Gouvernement, était si contraire au but que l'on s'était proposé, que les habitans détruisirent dans une nuit, non-seulement les enclos, mais jusqu'au bled qui couvrait les champs.

Les mémoires de l'Académie royale de Lisbonne, tom. II, pag. 351, renferment une dissertation agronomique relative au district de Chaves, par *José Ignace da Costa*, que j'ai souvent consulté. L'auteur, quoiqu'intimément convaincu des avantages de la pratique sur la théorie, ne traite son sujet que théoriquement. Il paraît fort instruit; mais comme beaucoup d'écrivains Portugais, il croit, par quelques observations nouvelles et peu connues, pouvoir résoudre toutes les questions.

2.° *Bragance, et ses environs.*

Depuis Chaves jusqu'à *Fradizella* on compte cinq lieues et demie; savoir: trois jusqu'à *Villarendella*; de-là au bac du *Rabaçal*, deux; et une demie jusqu'à Fradizella; mais on ne doit évaluer cette distance qu'à quatre lieues. En général, les lieues portugaises sont les plus fortes dans la province de Minho, et les plus petites dans celle de *Traz os Montès*; elles ne sont guère plus grandes que les lieues espagnoles. Le pays est entrecoupé de collines. Le Rabacal, qui, réuni à la *Tuela*, forme la *Tua*, a environ soixante pas de large; il est bordé de plantations d'aunes et de saules, et il roule son onde paisible entre une chaîne de montagnes peu élevée, qui, quoique formée de rochers, est cependant entièrement cultivée. La récolte n'est pas aussi abondante ici que dans le Minho, probablement parce que le sol est plus aride que celui de cette province où les vallées sont arrosées par un grand nombre de ruisseaux. On n'a cependant jamais éprouvé de disette dans le Traz os Montès; les récoltes y sont même abondantes dans les bonnes années. Il ne manque au Portugal que des routes et des canaux ; alors cette province pourrait exporter du bled. Des canaux et de bonnes routes sont les premiers besoins d'un pays, et c'est à quoi les Portugais et même leurs écrivains ont le moins pensé.

A une demi-lieue de Fradizella, on traverse la *Tuela* sur un pont de pierre. On n'apperçoit de tous côtés que des montagnes cultivées jusqu'à leur sommet. *Lamalonga*, à deux lieues de Fradizella, a une certaine réputation, parce qu'on y recueille du vin blanc d'un goût agréable. De Lamalonga à *Bragance*, il y a cinq lieues par des montagnes escarpées. Cette chaîne se nomme la *Serra de*

Nogueira, et sépare les plaines de Bragance du reste du Portugal; elle est peu élevée au-dessus de la plaine qui elle-même est fort haute. Elle est couverte de quelques chênes rabougris, comme on en voit sur les montagnes de la vieille Castille.

Bragance est située dans une plaine découverte, dépourvue d'arbres, et entourée de pâturages et de champs cultivés. Cette ville a peu d'apparence; elle est dominée par un vieux château. Quoiqu'elle soit fortifiée, ses portes ne sont point gardées, et on peut y entrer et sortir librement. Ce n'est que lorsqu'on vient de l'Espagne, qu'on est soumis à la visite des Préposés à la Douane. Le Gouverneur de la province, qui résidait autrefois à Chaves, habite actuellement cette ville. Les frontières d'Espagne ne sont éloignées que d'une lieue et demie. Une partie de la ville, située en amphithéâtre et séparée de l'autre, porte le nom de *Villa*, au lieu que celle bâtie dans la plaine, est appelée *Cidade*. La petite rivière de *Fervenza* entoure la ville, et va se réunir à peu de distance au *Sabor*.

Bragance est une des plus anciennes villes du royaume. Elle portait, du tems des Romains, le nom de *Brigantium*. Elle est peu considérable, et n'est remarquable que par son nom qu'elle a transmis à la famille régnante. Don *Juan* I, roi de Portugal, donna à son fils naturel, Don *Alfonso*, comte de Barcelos, la ville et le district de Bragance, en 1442, avec le titre de Duché. Don *Juan* I était lui-même le fils naturel du roi Don *Pèdre*, amant de la célèbre *Inez de Castro*. Ainsi la famille régnante doit doublement son origine à des enfans illégitimes; on ne doit pas être surpris, si une grande partie de la noblesse Portugaise est dans le même cas. Les Ducs de Bragance ne résidèrent jamais à Bragance même; mais choisirent pour leur séjour la ville de *Villa Viçosa*, dans l'Alentejo, qui est plus grande et plus agréable. Ce fut là que Don *Juan* IV reçut l'offre de la couronne, à condition qu'il affranchirait son peuple du joug des Espagnols. Il hésita long-tems à se rendre au vœu de la nation; car aucun roi n'a été, comme lui, élu par la voix unanime du peuple. De la douceur et de la bonté dans le caractère ont été l'apanage constant des Ducs de Bragance ; ils l'ont apporté sur le trône. Leurs ancêtres n'étaient cependant pas doués d'un caractère aussi heureux ; on ne leur eût pas offert deux fois la couronne. Ce fut à Bragance que Don *Pèdre* apprit à connaître sa chère *Inez de Castro*, et on prétend même que ce fut ici qu'il l'épousa.

Une contrée monotone couverte de collines, règne depuis Bragance à *Val de Nogueira*, à la distance de trois lieues. Au couchant on apperçoit une chaîne de montagnes nommée la *Serra de Chacim*, avec un bourg du même nom. Le Gouvernement établit ici une famille Italienne, destinée à introduire la filature de la soie. Les mesures qui furent prises, étaient si inconvenantes, que cet établissement nuisit à cette branche d'industrie plutôt que de lui être favorable. J'en ai parlé plus haut, tom. II, p. 69; j'ajoutai que je ne pouvais pas affirmer la vérité de mon assertion; elle m'a été confirmée depuis. Un Portugais me dit qu'il était assez singulier de voir que tout ce que ses compatriotes entreprenaient d'utile, ne leur réussissait ordinairement point.

Autour de *Carrapatos*, bourg à trois lieues et demie de Val de Nogueira, le pays est moins élevé, et ne présente que des collines et des terres bien cultivées. On traverse quatre villages. A une lieue et demie de Val de Nogueira est situé *Salselas*. En poursuivant son chemin depuis cet endroit jusqu'à *Val de Porcos*, on apperçoit des carrières près de ce village, à cent pas de la route. Elles sont formées par une couche de pierres calcaires feuilletées, qui s'étend du nord au sud; elle est entremêlée de schiste micacé, dont les veines ont la même direction. Les montagnes aux environs de Chaves et de Montéalègre sont formées de granit qui est remplacé près de Bragance, par différentes sortes de schistes qui s'étendent jusqu'ici. L'étendue de la couche de pierres calcaires est de mille pas. On n'a pu encore déterminer son épaisseur qui est très-considérable. Toute la province tire de la chaux de cette carrière; son extraction occupe les habitans des villages voisins. On ne la brûle pas sur les lieux; mais à *Prudencia*, au pied de la Serra de Chacim, à deux lieues de distance. C'est ici le seul endroit du Portugal où l'on trouve de la chaux primitive, à moins d'y comprendre la pierre calcaire de Cintra et d'Elvas.

3.° *Villaréal, Pézo da Régoa. Le Campo de Villariça.*

Depuis Carrapatos à *Mirandella*, on compte trois lieues. Après avoir traversé les premières collines, on arrive dans un pays inégal, mais très-fertile, qui fait bientôt place à des montagnes arides ; on descend ensuite dans la belle vallée où est située Mirandella. Cette ville est renommée pour la douceur du climat et la fertilité de son sol. Nous y arrivâmes au commencement du mois d'avril. Les montagnes étaient ornées des grandes et belles fleurs du *Ladanum*, et les vallées couvertes de riches moissons. Les arbres fruitiers portaient des fleurs, et les champs présentaient des fleurs champêtres qui étaient aussi belles qu'à la même époque à Lisbonne. Cette contrée est bien différente de la partie supérieure de la province formée par le plateau de Montéalègre, Chaves et Bragance. Une jolie variété de la barrelière que l'on rencontre souvent dans le Traz os Montès, ornait les champs. Mirandella est adossée à une colline et traversée par la rivière de *Tua*; elle ne se distingue ni par sa grandeur, ni par la beauté de ses édifices. L'auberge est des plus misérables; le *Juiz dos Orfaos* de *Golfeira*, village situé à l'opposé de la ville, et qui semble en être un fauxbourg, quoiqu'il appartienne au district de *Villaréal*, a cependant la complaisance de loger les étrangers. Les montagnes des environs consistent en schiste micacé qui fait place au granit; leur cime est arride, quoiqu'elles soient bien cultivées à leur base.

Entre Golfeira et *Murza* on apperçoit la *Serra de Lamas* d'une élévation médiocre, au pied de laquelle est situé le village de *Pastor*, entouré de champs cultivés et de plantations de châtaigniers. Des rochers amoncelés d'une manière effrayante couronnent sa cime; ils présentent l'image de la destruction. Il paraît qu'une grande commotion a été la cause de ce bouleversement. Aux environs de Murza, à cinq lieues de Golfeira, le pays devient inégal, montueux et sauvage ; le petit bourg de Murza est cependant situé fort agréablement sur le penchant d'une colline; il est environné de champs, de vignobles et de vergers. La route qui conduit à *Villareal*, distant de cinq lieues, traverse un pays agreste et désert.

Villareal, chef-lieu d'une *Comarça*, est à tous égards une des villes les plus belles et les plus grandes de la province. Elle est située dans une contrée riante, au pied de la *Serra de Marao*. Des maisons bien bâties, beaucoup de boutiques, une grande activité annoncent que cette ville est le centre d'un commerce considérable. Il y a 1500 feux. Sa proximité de Pezo da Regoa, d'Amarante et du Minho en général, la grande route d'Espagne qui passe par Miranda, Villareal jusqu'à O-porto, sont les causes auxquelles il faut attribuer la prospérité de Villareal.

Pezo da Regoa n'est qu'à la distance de quatre lieues. La route qui y conduit traverse un pays si bien cultivé, qu'on ne voit que peu d'endroits en friche. Les vignobles qui entourent Pezo da Regoa sont d'une grande beauté. Cette route serait agréable si elle était mieux entretenue. Le Marao était encore couvert de neige au 10 avril. J'ai parlé de Pezo da Regoa dans le T. II. p. 40 ; j'y ai joint l'histoire de la culture de la vigne en Portugal et du monopole du Douro supérieur. J'aurai occasion de revenir sur cet objet. Il faut cependant rectifier une erreur qui s'est glissée dans le T. II. Pezo da Regua se prononce ordinairement Pezo da Regoa; il faut l'écrire ainsi. Le district (*Concelho*) de Pezo fait partie de la *Comarça* de Lamego, et par conséquent de la province de Beira, quoique, selon sa position naturelle, il devrait appartenir à la province de Traz os Montes.

La route de Pezo à *Favayos*, ville éloignée de quatre lieues, passe par des vignobles jusqu'à *Poyares*; elle traverse ensuite un pays élevé et monotone jusqu'à *Sabrozo*, d'où l'on descend dans une vallée profonde couverte de vignobles. Favayos est dans une situation élevée. L'auberge du lieu se distingue par la promptitude avec laquelle on est servi, et par la politesse de l'aubergiste.

En avançant vers *Torre de Moncorvo* et les rives du Douro, on remarque des vignobles et une riche végétation. On passe la *Tua* dans un bac, là où elle se réunit au Douro. La rive opposée est bordée de quelques maisons isolées et d'un cabaret qui portent le nom de *Faustua* ou *Fostua*, qui dérive sans doute de *Faux tuae*, dénomination qui rappelle le souvenir des Romains. A une lieue et demie de Favayos on arrive à une maison isolée, nommée *Capellao*; c'est une auberge, ou *Estalagem*, située dans une contrée sauvage et élevée. Quoique cette hôtellerie ne soit pas une des meilleures, elle est cependant recommandable par l'honnêteté de ses habitans.

Aux environs de *Villaflor*, à trois lieues et demie de distance, le pays reprend son aspect ordinaire. Des champs cultivés dans une contrée dépourvue d'arbres, et des masses de rochers n'offrent rien d'agréable à l'œil; cette uniformité n'est interrompue que par quelques bouquets de chêne. Villaflor n'est rien moins qu'un lieu florissant; c'est un misérable bourg, avec une mauvaise auberge, situé dans une gorge. Le joli nom qu'il porte a sans doute déterminé l'auteur des délices d'Espagne et de Portugal, à nommer Villaflor une jolie petite ville.

Au-delà de Villaflor, vers Torre de Moncorvo, on descend par une pente douce et à travers de beaux pâturages, dans la riche et fertile vallée nommée *Campo de Villariça*. Ce plateau est renommé par la douceur du climat, et par la bonté de son terroir; il ressemble à celui de Chaves, mais il est plus long, plus étroit et moins froid. Il est borné au levant, par la *Serra de Estevaes*, et arrosé par le *Sabor*, qui, en hiver, est sujet à de fréquens débordemens qui inondent une partie de la plaine. Un ruisseau nommé *Ribeirode Villariça*, le traverse. Le sol est argilleux, et entremêlé de chaux et de sable. Les terres ne sont point fumées, quoiqu'on soit dans l'usage de le faire aux environs. Les champs sont labourés d'abord au mois de novembre, ensuite vers le mois de mai, ce qu'on nomme dans cette province, *estravessar*. On sème le froment depuis la fin de septembre jusqu'au commencement de novembre, et on récolte au mois de mai; le bled est battu ou bien foulé par des bœufs. Outre le bled dont on recueille annuellement 30000 *alqueires* (environ 8000 muids), on cultive du chanvre dans les endroits inondés par le Sabor; on compte que cette plaine produit annuellement 220 à 264 milliers de chanvre. La terre propre à recevoir le chanvre, est d'abord labourée au printemps, et ensuite hersée; quinze jours après on répète la même opération, et on sème aussitôt le chanvre. Il reste ordinairement cent jours sous terre; ensuite on le coupe, et on l'amoncèle dans de grands tas (*molhos*), pendant huit jours, dans un lieu destiné à cet usage (*tendal*); ensuite on en forme de petites gerbes (*estrigas*), pour le faire tremper dans l'eau (*cortis*), etc. On récolte ici, chaque année, environ 12 à 15000 *alqueires* de maïs, et on compte qu'un *alqueir* de semence produit 300 alqueires de grain. On le cultive comme dans les autres provinces du royaume. Outre 5 à 6000 alqueires de fèves et d'haricots, on recueille d'excellens melons, et des melons d'eau qui passent pour les meilleurs du royaume. On laboure trois fois la terre, et ensuite on sème. On arrache les herbes parasites ; et aussitôt que la tige a 4 ou 6 feuilles, la terre est remuée avec la herse (*sachar*), ce qui est répété quelque temps après. Cette plaine est, ainsi que toute la contrée, exposée à de fréquens orages qui causent des ravages d'autant plus grands, qu'ils sont accompagnés de grêle et d'ouragans qui déracinent les arbres et renversent les maisons. En général, les orages dans les contrées élevées, entre le 45e. au 40e. degré de latitude nord, sont d'une violence extrême, sur-tout en été. Dans les plaines ils sont plus rares, et ne deviennent impétueux qu'à l'époque des équinoxes. En été, il tombe pendant la nuit, un brouillard très-froid qui, joint à la grande chaleur du jour, occasionne beaucoup de maladies, sur-tout des fièvres qui paraissent endémiques à ce pays.

Le Campo de Villariça est partagé entre plusieurs propriétaires qui afferment leurs terres par portions nommées *Courellas*, et à un prix exhorbitant. Les inondations d'une rivière aussi rapide que le Sabor en hiver, empêchent toute démarcation de possessions, et sont la source de procès interminables. Il ne reste d'autre moyen que de désigner les possessions de chacun, dans un registre déposé à la justice. Le premier de ces registres fut ouvert sous le roi *Philippe* III, en 1629; ainsi que tous les actes déposés aux archives, il porte le nom de *tombo*. Mais par la suite ce registre devint insuffisant; plusieurs portions de terre furent réunies par des héritages, d'autres furent partagées, et les plaintes augmentèrent chaque jour. Des personnes mal intentionnées profitant de ce désordre, cherchèrent à empiéter sur leurs voisins. En conséquence on établit en 1775, un nouveau *tombo* qui est encore aujourd'hui en usage; mais il passe pour être très-défectueux. Ainsi le Campo de Villariça est toujours la matière de procès et de chicanes.

Après avoir quitté cette plaine et repris la route de Torre de Moncorvo, on redescend pour traverser le Sabòr, sur un pont bien bâti, long de 183 pas sur 4 de large, d'où l'on remonte jusqu'à Torre de Moncorvo, à trois lieues de Villaflor.

3°. *Torre de Moncorvo, Forge de Chapacunha. Mogadouro.*

Torre de Moncorvo, ville et chef-lieu d'une *Comarça*, est située sur une colline entourée de hautes montagnes et de vallées, au sud du mont *Roboredo*; le climat y est assez doux, mais la terre peu productive. Cette ville, défendue par quelques fortifications, n'est pas considérable, et ne renferme que 383 feux; un vieux château la domine. Il n'y a ici aucune industrie; la plupart des habitans sont employés dans les administrations judiciaires. *Lima*, dans sa géographie du Portugal, fait mention d'une fabrique de soieries considérable, et porte le nombre des maisons à 460. Le grand magasin de chanvre, appartenant aux Domaines Royaux, n'existe plus depuis soixante ans. Voici comme il était administré : outre l'Inspecteur et d'autres fonctionnaires, deux Experts (*estimadores*), y étaient attachés. Ceux-ci estimaient le produit des terres où le chanvre est cultivé, et le propriétaire était obligé de livrer au magasin royal la quantité de chanvre déterminée par eux et à un taux fixe. Non-seulement le chanvre de cette contrée, mais aussi celui du district de Mirandella et de la province de Beira jusqu'à *Penhel*, devait y être versé. Il n'est pas étonnant qu'un pareil établissement qui mettait des entraves à la culture du chanvre, ait cessé d'exister; on doit plutôt être surpris de voir que le chanvre est encore cultivé dans cette province.

Le revers des montagnes, du côté du nord, présente un coup-d'œil très-varié; on y aperçoit de jolies *quintas* entourées de châtaigniers, de vergers, de champs et de vignobles, et, dans quelques endroits, le pin maritime qui est assez rare dans cette province. Le paysage est animé par des prés émaillés de fleurs, et des coteaux couverts d'arbustes de toute espèce. On rencontre ici, pour la première fois, l'arbre à thérébinthe (*Pistacia Therebinthus*).

Le territoire de la ville renferme douze villages composés de 1434 feux. Les terres sont bien cultivées, la végétation est riche même jusqu'au sommet des montagnes ; on amende les terrains incultes avec du fumier ou des cendres. Les montagnes qui ne sont d'aucun rapport, forment des pâturages, sur-tout pour les moutons. La ville est entourée de beaux vergers qui produisent des pommes, des poires, des cerises, des figues et des melons. On ne recueille point de vin, mais beaucoup d'huile. Il existe ici différentes espèces d'oliviers ; le fruit est écrasé, ou conservé comme olives. Dans quelques endroits on cultive le mûrier et on récolte un peu de soie. Le troisième volume des mémoires de l'Académie royale de Lisbonne, pag. 253, renferme une Dèscription économique de Torre de Moncorvo, par *José Antonia de Sa*, dans laquelle j'ai puisé différentes notices. Elle n'est pas fort bien écrite, mais l'auteur cite des faits sans aucune prétention ; on doit la mettre au nombre des relations les plus fidèles sur ce district, qui ont été envoyées à l'Académie.

Depuis Torre de Moncorvo jusqu'à *Carriçaes*, mauvaise auberge, il y a deux lieues. Le chemin s'élève par une pente douce, et passe sur un plateau. Nous apperçûmes une montagne couverte de pins maritimes, chose rare et fort agréable dans ces contrées. A quelque distance de Carriçaes, à *Chapa Cunha* on voit une forge de fer qui est la seule du royaume. A partir de Carriçaes, éloigné d'une demi-lieue, on traverse par le misérable bourg *Mos*, et à une lieue plus loin jusqu'à Chapa Cunha, le pays est montueux. Cette usine est située dans une petite vallée, au bord d'un ruisseau qui fait mouvoir les soufflets, et consiste, outre le bâtiment principal, en une mauvaise habitation pour le directeur. Celui-ci, nommé *Antonio-José-Alves Braga*, natif d'Oporto, a voyagé dans la Biscaye, et passé quelques années à Bordeaux. On lui écrivit de son pays, de faire des recherches sur tout ce qui a rapport à l'exploitation du minérai de fer. Le desir de s'instruire lui avait déjà fait entreprendre quelques essais ; il se livra avec zèle à cette étude, parce qu'il conclut qu'il était probable que l'on avait découvert, en Portugal, des mines de fer dont on voulut lui confier la direction. A son retour d'Espagne, il visita cette province. Depuis longtemps les habitans de Carriçaes travaillaient le fer, mais ils se servaient d'une mauvaise méthode ; aussi était-il de médiocre qualité et très-pailleux. Il fit des observations sur les montagnes, et trouva un meilleur minérai ; cependant son fer était également cassant. Il crut en découvrir la cause dans l'humidité qui régnait autour de l'usine. Il tâcha de la faire disparaître en entourant le bâtiment de fossés profonds, et en établissant des courans d'air ; il assure que depuis ce temps, son fer est de meilleure qualité. Le minérai se trouve pur ou entremêlé de schiste argilleux. Quelques montagnes, comme par exemple, celle qui est couverte de pins maritimes, et dont nous avons parlé plus haut, renferment la mine de fer le plus pur ; on voit aussi du minérai dans les champs, à une lieúe de Torre de Moncorvo.

Cette mine rend 30 à 40 pour cent de fer brut. La forge qui appartient à *Domingos Martino*, négociant à O-porto, est établie depuis 19 à 20 ans, par M. Braga ; il croit cependant que ce n'est que dans ce moment-ci qu'il a surmonté toutes les difficultés, et qu'il peut compter sur un bénéfice réel. Le charbon qui est employé dans l'usine, est mauvais et très-dur ; il provient des racines de quelques espèces de bruyères que l'on fait bruler. Cet établissement manque de beaucoup de choses nécessaires, sur-tout d'ouvriers. On ne rencontre le minérai qu'à une demi-lieue de la forge, vers *Felgueira* et Torre de Moncorvo. On travaille le fer comme on le fait en Biscaye, c'est-à-dire, qu'on ne le fond pas, mais qu'on l'amollit et qu'on le forge. M. Braga prétend avoir découvert aux environs de l'usine, du minérai de fer entremêlé de cuivre, ainsi que des indices de plomb. On trouve de la plombagine à *Ventozello*, à deux lieues de *Mogadouro*, vers *Miranda*. M. Braga en a découvert dans cet endroit, et y a fait des recherches par ordre du Gouvernement, qui lui a depuis ordonné de faire cesser les fouilles. On a aussi remarqué du minerai de plomb, à quelque distance de Mogadouro, vers le Sabor. On en exploitait autrefois dans cet endroit. M. *Braga* et le comte de *H....* possèdent quelques échantillons de ces deux minerais. Dans notre premier voyage, le professeur de physique, à Coimbre, nous montra différens morceaux de mine de plomb provenant des environs de Mogadouro.

La distance de Carriçaes à *Mogadouro*, est de 4 lieues. Avant d'arriver à ce dernier endroit et près du village *Estavai*, on apperçoit la *Serra de Navalheira* à une demi-lieue de la route, vers les rives du Sabor. C'est une vallée étroite, pittoresque et couverte de buissons, qui borde le torrent pendant quelques lieues; plusieurs sentiers se croisent en tous sens, ils sont peu commodes, mais on y trouve de l'ombre. Le sol, très-fertile, offre par-tout la plus belle végétation, et produit des plantes remarquables. On voit souvent l'arbre à thérebinthe (*Corcinabra* des Portugais);

les ceps de la vigne sauvage, ont par fois un demi-pied d'épaisseur ; elle grimpe aux plus gros arbres jusqu'à une hauteur de 40 à 50 pieds ; les rochers sont couverts de mousse et de la saxifraga hypnoïde. Cette province a un aspect tout particulier ; partout ailleurs on ne trouverait pas une *Serra* comme celle-ci.

Le chemin depuis Estavai jusqu'à Mogadouro est inégal ; ce dernier endroit, situé sur une colline, est petit et de peu d'importance; le pays est uniforme et ne présente que des champs cultivés et des rochers arides. A une demi-lieue de Mogadouro, vers l'est, ou trouve une *Quinta* nommée *de Nogueira*, qui appartenait autrefois à la famille *Tavora*. Cette campagne formée d'un petit château et d'une forêt de chênes nains et clair-semés, entrecoupée de buissons et de collines; le parc, où l'on entretient beaucoup de gibier, est entouré d'un mur. Une autre Quinta, nommée *de Mirminiz*, est plus rapprochée du village vers le sud ; il est vrai qu'elle est plus petite, mais elle est agréablement mélangée de buissons et de prairies. Ces deux Quintas appartiennent au comte *de San Vicente*; mais elles rapportent peu, à cause de la stérilité du sol, et peut-être aussi par la négligence du propriétaire et des fermiers. Le sort de la malheureuse famille de *Tavora* est connu ; elle fut accusé d'avoir prit part à l'assassinat du Roi *D. José;* les principaux membres en furent exécutés à Belem, le 13 janvier 1759, par ordre de *Pombal. Tavora* était leur nom de famille, ainsi que celui du Marquisat qu'ils possédaient. Avant cette malheureuse catastrophe, cette famille habitait les deux *Quintas,* et répandait l'aisance dans les lieux circonvoisins. A cette époque, Mogadouro renfermait, selon le rapport des habitans, 700 maisons ; aujourd'hui on en trouve à peine cent. Il est possible que cette évaluation soit trop forte (*De Lima* ne compte que 158 feux); mais il est hors de doute que ce lieu est tombé en décadence : on n'y trouve pas même une auberge; cependant celui qui en tenait une autrefois, a la complaisance de recevoir les étrangers chez lui.

Le *Monte do Azinhal*, à quelque distance de Mogadouro, est aussi célèbre par la richesse de sa végétation que la *Serra de Navalheira*, et lui ressemble beaucoup. On y arrive par le village *Brunhozo*, à une demi-lieue de Mogadouro, séparé de cet endroit par de beaux pâturages : au-delà de Brunhozo, on aperçoit quelques collines, et après une demi-heure de marche on descend jusqu'au rivage du Sabor. Des chemins difficiles traversent une épaisse forêt où croît la vigne sauvage qui rampe le long des arbres ; les habitans ignorent qu'on peut la cultiver ; des sangliers peuplent les endroits les plus touffus de la forêt. La température de la vallée est bien plus douce que celle des environs ; le revers des montagnes est entremêlé de champs et de vignobles. Il est probable que le torrent creusa son lit dans cette vallée, dont le climat tempéré fait éclore des plantes que l'on chercherait en vain dans les lieux d'alentour. Depuis les coteaux de Brunhozo, on remarque au nord la *Sierra de Senabria* en Galice, qui était encore entièrement couverte de neige au 30 avril.

La route qui conduit de Mogadouro à

Vimiozo, à cinq lieues de distance, traverse le village d'*Algozo*. Avant d'y parvenir, on passe le *Rio Ingueira*, qui coule dans une vallée sauvage et pittoresque; ensuite on n'aperçoit qu'un pays élevé et peu fertile, couvert de champs de seigle et de froment et de quelques prairies. Les villages entourés d'ormes et de peupliers présentent un coup-d'œil agréable. A Vimiozo, on trouve une mauvaise auberge; depuis cet endroit jusqu'à Bragance, il y a cinq lieues par un pays aride et monotone, à l'exception de quelques prairies ornées d'arbres; elles sont couvertes de vulpin des prés (*Alopercus pratensis*), qui offre une fort bonne nourriture pour les bestiaux. Le Rio Ingueira et le Sabor, que l'on passe sur deux ponts de pierre, coulent dans deux vallées dont le paysage est assez monotone; au reste la route est bonne.

5°. *Bragance, Miranda, Freixo, Frontières de Beira.*

Dans cette saison (au commencement du

mois de mai), les environs de Bragance sont fort intéressans pour les amateurs de la botanique. Une plante que *Tournefort* prétend être particulière au Portugal, l'élyme tête de Méduse *(elymus caput Medusæ)*, et que jusqu'alors nous avions cherchée en vain, abonde autour de cette ville. Il paraît que Tournefort est entré en Portugal par le Traz os Montès, car il a observé cette province avec attention. Les prairies des environs de Bragance sont couvertes de plusieurs plantes qui ne croissent que dans le nord de l'Europe, et que l'on ne trouvedans aucune autre province du royaume, par exemple, la crête de coq *(rhinanthus crista galli)*; la reine des prés *(spiræa ulmaria)*; et le vulpin des prés *(alopercus pratensis)*. Toutes ces plantes déposent en faveur de la grande élévation de cette province, qui renferme des végétaux qui lui sont particuliers, et qui n'ont point encore été décrits. Bragance est en effet dans une situation fort élevée ; elle est, pour ainsi dire, assise sur une des terrasses des chaînes de montagnes qui séparent le Portugal de l'Espagne.

Une de ces chaînes, la *Serra de Monte-*

zinho au nord de Bragance, forme une branche de la Sierre de Senabria, dont nous avons parlé plus haut. On compte deux lieues et demie jusqu'au village de *Montezinho;* la route cotoye le Sabor et traverse les villages de *Robal* et de *França*, dont ce dernier est situé fort agréablement au pied d'une colline couverte de bouquets de chênes. Plusieurs plantes de l'Europe septentrionale, qui sont très-rares partout ailleurs, se trouvent ici. Derrière le village assez considérable de Montezinho, l'on gravit sur la chaîne de montagnes qui est la plus aride de tout le royaume; on n'y voit aucun arbre, pas même un arbuste: des bruyères la couvrent en totalité. Quoique cette chaîne soit plus basse que la Sierra de Senabria, elle ne le cède en rien aux sommets les plus élevés du Gerez; il est même probable qu'elle le surpasse. Une butte *(Pedrastante)* qui se trouve sur une des sommités, marque la limite des deux royaumes. Les sources du Sabor sont à quelque distance sur le territoire Espagnol. Les cimes des montagnes du côté du Portugal, étaient encore couvertes d'un peu de neige, au commencement du mois d'avril ; il en était même tombé dans le village de Montezinho. La végétation prouve également la grande élévation de cette contrée ; on ne voyait fleurir que le souci d'eau (*caltha palustris*), plante que nous n'avons rencontrée dans aucune autre partie du Portugal.

La route de Bragance à Miranda, distant de 8 lieues, est triste et désagréable. Il n'y a point d'auberge dans le village de *S.-Joanico*, et l'on est obligé de chercher un mauvais gîte chez quelque paysan. Les bords de l'*Ingueira* sont plats ici, quoiqu'ils soient escarpés auprès de Vimiozo. La crue subite de ces rivières occasionne en hiver de grands ravages.

Bragance et Miranda sont les deux principales villes de la province. La dernière est une place forte sur les frontières de l'Espagne, située près du Douro qui coule à quelques pas de la ville. Il roule ses eaux avec une grande rapidité entre des rochers escarpés et peu propres à la culture ; on est exposé à de fréquens dangers, lorsqu'on le passe au bac. Quand nous y arrivâmes, le bac avait été entraîné ; et il ne restait plus d'autre moyen de communiquer avec l'Espagne, que de la traverser à califourchon sur un cable tendu d'une rive à l'autre. Les personnes craintives se font passer dans un panier attaché à ce cable. Les rochers qui bordent le Douro sont intéressans pour la botanique ; nous y vîmes fleurir une nouvelle espèce d'*Isatis*, et au bord de la rivière, la Jonciole ou Aphyllante de Montpellier.

Miranda do Douro, pour le distinguer de *Miranda do Corvo*, est un misérable endroit qui renferme environ 200 feux. Cette ville passe pour une place forte, mais ses fortifications sont peu considérables. Elle souffrit beaucoup de l'explosion d'un magasin à poudre, lorsqu'elle soutint le siège des Espagnols, dans la guerre de 1762; et depuis cette époque, elle ne présente plus qu'un amas de ruines.

Le bourg de *Bemposta* est à 4 lieues de Miranda et à une lieue du Douro ; il est beaucoup plus élevé au-dessus du lit de la rivière que cette dernière ville. Le premier degré des montagnes, vers le fleuve, consiste en un bon terrain qui produit du bled, du vin et un peu d'huile ; mais plus bas, le pays est rocailleux et stérile, sur-tout près des bords de la rivière. De l'autre côté, sur le territoire Espagnol, on voit le *Tormes* se réunir au Douro. Dans les environs des villages d'*Orroz* et de *Travanca* on extrait de la chaux. La route de Bemposta à *Freixo de Espada cinta*, traverse le village de *Ventozello*, où l'on trouve de la plombagine comme il a été dit plus haut, et le village de *Lagoaça* entouré de cerisiers. Le chemin jusqu'à Freixo passe par un pays inégal et désagréable ; à gauche on aperçoit les rochers qui bordent le Douro.

Freixo de Espada cinta est situé dans un pays élevé, mais dont le climat est fort doux ; cette ville est entourée de coteaux fertiles qui produisent du vin, de l'huile, des amandes et des figues. Les maisons sont séparées par des plantations d'ormes et de mûriers, qui les ombragent agréablement en été, ce qui rend ce village un des plus beaux séjours du royaume. L'éducation des vers à soie est assez considérable; on recueille ici plus de soie que dans aucun autre endroit de la province. L'hôtellerie n'a pas grande apparence, mais la politesse prévenante des aubergistes qui s'empressèrent de nous apporter toutes sortes de provisions, nous dédommagea amplement du mauvais gîte. Un voyageur reçoit si fréquemment des témoignages de la politesse et de la complaisance des Portugais, qu'il deviendrait fatigant de le répéter.

Le Douro est éloigné de Freixo à une lieue vers l'est. Une route large et bien entretenue y conduit et traverse d'abord un pays bien cultivé, ensuite des bruyères. La rive opposée, sur le territoire Espagnol, est mieux cultivée que celle du côté du Portugal; elle paraît couverte d'une forêt d'oliviers. Ainsi que je l'ai déjà observé plusieurs fois, l'agriculture et l'industrie sont en général plus perfectionnés en Espagne qu'en Portugal. Je m'en suis souvent convaincu, mais je ne saurais en déterminer les causes. Au sud, le Douro n'en est également éloigné que d'une lieue et demie, parce que dans cet endroit il prend sa direction à l'ouest; au-delà de Freixo, la route monte d'abord et redescend vers le Douro. Après l'avoir cotoyé pendant une demi-heure, on le passe à *Barca de Alva*, pour entrer dans la province de Beira.

6°. *Second voyage par le Traz os Montès. Observations générales sur cette province.*

Nous avons suivi le Comte de *H*..... dans un voyage par la province de Traz os Montès, qu'il visita avec tant de soin, que même les lieux les moins intéressans n'ont pas échappé à ses recherches. Le grand nombre de plantes qu'il y recueillit lui offrant un vaste champ d'observations curieuses, il entreprit, dans la même année, un second voyage par cette province. Il se rendit par le Beira, l'Estrella et Coimbre, à O-porto, visita la province de Minho, et retourna dans le Traz os Montès par la Serra de Gerez et la route qu'il avait suivie précédemment. Le 25 juillet, il entra dans cette province par Vendas-Novas, et la traversa pour arriver à Montealegre et Chaves. A cette époque, les chênes étaient en feuilles, et répandaient une grande variété dans la campagne. La moisson ne se fait, dans les environs de Montealegre, guère plutôt qu'en Allemagne; les prairies étaient tapissées d'une riche verdure, et plusieurs déjà fauchées.

De Chaves, il se rendit par *Vinhaes* à la Serra de Montezinho. On traverse d'abord le plateau de Chaves, ensuite on parvient à l'ancien château *Torre de Monforte*, d'où s'étend un plateau élevé jusqu'à *Labaçao*, village à trois lieues de Chaves. Depuis cet endroit jusqu'à Vinhaes, on fait cinq lieues par un pays désagréable, rempli de montagnes et de rochers. Le *Rabaçal* coule dans une profonde vallée. Vinhaes est situé dans une gorge fertile, entourée de montagnes en partie arides et en partie couvertes de bouquets de chênes. Jusqu'à Montezinho, il y a cinq lieues. Les villages sont entourés de prairies verdoyantes, de plantations de châtaigniers, et les coteaux parsemés de chênes. Le séjour de Montezinho est un des plus agréables en été; les chênes et les bouleaux offrent par-tout une belle ombre. Les matinées et les soirées sont fraîches, mais pendant le jour il fait très-chaud. Les prairies autour du village avaient déjà été fauchées, et étaient découvertes d'herbe dès le 31 juillet. La végétation est plus tardive sur les montagnes. Nous nous étions proposé de recueillir un grand nombre de plantes, mais notre attente fut trompée, nous n'en trouvâmes pas une très-grande variété; nous n'aperçûmes que quelques fleurs sur le doronic *(doronicum pardalianches)*, plante assez rare en Portugal.

Bragance, que nous visitâmes pour la troisième fois, récompensa nos recherches par une nouvelle récolte pour la botanique. La vallée que traverse la rivière de Fervenza, est très-fertile. La Serra de Nogueira, à trois lieues de Bragance, produit des plantes rares. Le 4 août, nous vîmes encore de la neige sur la Sierra de Senabria, preuve que cette chaîne de montagnes est élevée à plus de 8000 pieds au-dessus du niveau de la mer. Les géographes ne font pas assez attention à la hauteur des montagnes d'Espagne. Dans ce pays, il y a des chaînes de montagnes dont les sommets s'élèvent de 8 à 9000 pieds et au-delà. On le remarque moins, parce que leur bâse repose sur un plateau déjà fort élevé.

De Bragance, on traverse une partie de la province pour se rendre, par *Borneo*, à Torre de Moncorvo. Jusqu'à Borneo, on compte sept lieues, et de là à Torre de Moncorvo, six. Le pays ne présente rien d'intéressant; il est parsemé de collines et de montagnes. Derrière Borneo, on aperçoit la *Serra de Borneo*, chaîne de rochers ornée de divers arbustes. La principale vallée de ces montagnes forme le campo de Villariça, dont nous avons parlé plus haut. Au mois d'août, la végétation n'était plus en vigueur autour de Torre de Moncorvo, et les rochers ne présentaient qu'une herbe courte et sèche. A peu de distance de Torre de Moncorvo, on passe le Douro dans un bac commode pour entrer dans le Beira.

La province de Traz os Montès forme une terrasse de la haute chaîne de montagnes qui s'étend, par la Gallice, le long des frontières du Portugal, de l'ouest à l'est. Je nomme *terrasses* les plateaux élevés qui se trouvent au pied des grandes chaînes de montagnes, et sur lesquelles celles-ci paraissent, pour ainsi dire, appuyées. Ces sortes de terrasses sont sur-tout particulières à la péninsule. La *Sierra de Senabria* forme une branche de cette chaîne ; la *Serra de Montezinho* et la *Serra de Gerez* appartiennent aux branches parallèles. Cette terrasse s'abaisse au sud ; toutes les rivières prennent leur source dans les montagnes qui forment la frontière de la Gallice, et se dirigent au midi pour tomber dans le Douro. Ce grand fleuve suit d'abord la même direction, jusqu'à ce que les montagnes de l'Estrella l'obligent de prendre son cours à l'ouest. La partie septentrionale de la province est composée de granit ; ensuite on aperçoit du schiste micacé et du schiste sablonneux qui s'étend jusqu'au bord du Douro. Dans le schiste micacé on doit trouver des filons de minérai, dont le gouvernement empêche l'exploitation, comme nous l'avons observé plus haut.

Vers le nord, où le plateau est le plus élevé, le climat est très-froid, tandis qu'au midi, où les montagnes s'abaissent, il est plus doux; la chaleur est même très-forte dans les vallées; par exemple, celle de Mirandella et le Campo de Villariça. Ce plateau n'est pas dominé par de très-hautes montagnes, quoiqu'elles soient cependant à une grande élévation au-dessus du niveau de la mer; il n'y a que quelques sommités qui paraissent dispersées sans ordre sur cette terrasse. D'après le coup-d'œil que présente ces montagnes depuis la *Serra de Marao*, elles semblent se diriger vers le sud-ouest, et tenir le milieu entre la chaîne qui forme la frontière de la Gallice et l'Estrella. Leur plus grande élévation est au midi, car c'est là que les vallées sont le plus profondes et se dirigent du nord au sud; c'est sans doute un effet des torrens qui se précipitent des montagnes, dont la plus haute chaîne est la *Serra de Montezinho*.

Cette province présente un aspect particulier par les amas de rochers dans les plaines, ou sur les sommités des collines et des montagnes. Comme elle est en général aride, elle n'offre rien d'agréable. Il n'y a que la partie septentrionale qui ressemble un peu à la province du Minho, car on y rencontre des forêts de chênes et de bouleaux; elle a quelque ressemblance avec les climats tempérés, par ses vastes prairies. Les rivières sont très-encaissées; le Douro roule ses eaux sur un lit de rochers; la Tua et le Tamega coulent dans de profondes vallées, et sur les rives du Sabor on trouve les forêts agréables dont on a parlé plus haut, le *Monte do Azinhal*, et la *Serra de Navalheira*. La flore se rapproche de celle d'Espagne; le paysage a le caractère de celui de la Castille, par de vastes champs dépourvus d'arbres.

On nomme cette provinee *Traz os Montès*, probablement parce qu'elle est au-delà des monts, à partir d'O-porto, et sur-tout du *Marao*. Les géographes lui appliquent mal-à-propos le nom espagnol de *Tra los Montès*. On lui donne une étendue trop considérable; on prétend qu'elle a trente lieues de long sur vingt de large, quoiqu'on ne compte que vingt-huit lieues dans une direction oblique, depuis Vendas-Novas par Bragance, jusqu'à Miranda. De Montezinho à

Torre de Monçorvo, il n'y a que quinze lieues. Cette province est en général assez bien cultivée. Dans plusieurs districts, et particulièrement dans celui de Torre de Moncorvo, on donne beaucoup de soins à l'agriculture; on y récolte sur-tout du seigle et du froment, et les terres labourées s'étendent jusques vers le sommet des montagnes. Le plateau de Chaves, la vallée de Mirandella, et le Campo de Villariça, sont très-fertiles. Aussi la province n'est-elle pas plus aride qu'une grande partie du Beira, de l'Estramadure et des autres provinces, excepté celle de Minho. Depuis que l'éducation des vers à soie est tombée, on ne trouve, outre l'agriculture, aucune trace d'industrie. Aussi cette province renferme-t-elle un petit nombre de villes peu remarquables; et si j'en excepte la *Comarça* de Villareal, qui est dans le voisinage des vignes du Douro supérieur et la province de Minho, cette proportion si faible des villes aux campagnes surprend beaucoup. Chaves et Bragance sont les seuls endroits où il y a plus de quatre cents feux. Il est hors de doute que le défaut de villes et d'industrie a une grande influence sur la prospérité du pays. On ne trouve point de débouchés pour le bled que l'on recueille en quantité; dans les bonnes années le prix en est trop bas; on n'y fait nulle attention, ce qui occasionne la disette dans les mauvaises années. En donnant des soins à l'éducation des vers à soie, cette province atteindrait un certain degré de prospérité; et, par de bonnes routes jusqu'au Minho, elle serait en état de vendre son bled superflu et de nourrir le grand nombre de personnes qui émigrent chaque année de cette province peu étendue, mais très-peuplée. Les habitans paraissent laborieux; il faudrait que le gouvernement leur donnât quelques secours, ou plutôt ne leur mît point d'entraves; que les propriétaires, qui possèdent la plus grande partie du pays, apprissent à connaître leurs vrais intérêts, cultivassent eux-mêmes leurs champs, et n'entretinssent pas dans la misère les fermiers et les paysans, en leur faisant payer des redevances exorbitantes. Une grande partie de cette province appartient à la famille royale de Bragance, et ce n'est pas celle qui est la mieux cultivée.

Les Espagnols s'emparèrent de cette pro
vince en 1672. Le général *O-Reilly* pénétr
par Miranda ; son armée se répandit dan
le pays, et se rendit maîtresse de Chave
O-Reilly voulut aller par le Minho, jus
qu'à O-Porto : dans les gorges étroites d
Minho il rencontra une troupe de paysan
mal armés et indisciplinés, mais brave
comme tous les habitans de ces vallées, e
excités par l'amour de la patrie et leur hain
contre les Espagnols. *O-Reilly* fut obligé d
se retirer. Le Traz os Montès ayant beaucou
souffert, les Espagnols n'y trouvèrent plus d
quoi subsister, et repassèrent le Douro pou
se porter sur Almeida.

CHAPITRE II.

LA PROVINCE ENTRE MINHO E DOURO.

1.° *Additions à la relation du premier voyage par cette province.*

DANS notre premier voyage que nous avons décrit *tome I, p.* 414, nous suivîmes la route d'O-Porto au Gerez, et de là nous retournâmes à Pezo da Regoa. J'ai déjà parlé d'O-Porto ; c'est le séjour le plus agréable qu'un étranger puisse choisir en Portugal : il n'y manque que la campagne délicieuse des environs de Lisbonne. Tous les agrémens de Porto se réunissent dans la belle vallée que l'on embrasse d'un coup-d'œil, et que sans doute on voit trop souvent. Le chemin, en cotoyant le rivière jusqu'au fort de *St.-Joao da Foz* (et non *Fez*, comme il est écrit improprement dans le tome I), épuise toute la richesse du paysage. Mais on est voisin des délicieuses vallées de la province, qui, peut-être sous un climat plus froid, présenteraient une contrée agreste et sauvage, mais qui dans ce pays, réunissant leurs ombres rafraîchis-chissantes à l'ardeur du soleil et à la pureté du ciel, répandent un charme inexprimable qui ne s'effacera jamais de ma mémoire. Un peuple laborieux et doux habite ces vallées; ce furent ces montagnards qui repoussèrent les Espagnols en 1762. Malgré les avantages qu'offre cette province, il est étonnant que de tous les étrangers qui séjournent à O-Porto, la plus grande partie ne voye que la ville ou tout au plus le Douro supérieur. J'ai parlé à plusieurs Anglais et à d'autres étrangers qui avaient été à Porto, mais la curiosité n'engage qu'un très-petit nombre à visiter Braga où le Gerez.

O-Porto est entouré de quelques anciennes murailles qui tombent en ruines; une vieille tour qui ressemble à un château fort, existe encore au bord de la rivière, du côté du levant; mais au reste cette ville n'est point gardée. Les maisons s'étendent au-delà des murs de la ville, et forment quatre faux-bourgs. Les deux plus belles rues de la ville basse se nomment *rua dos Flores*, et *rua nova des Inglezes*. On prétend que la rivière a 800 pieds de large. La ville ne renferme que huit couvens. Villa-Nova d'O-Porto, comme on doit le présumer d'une ville aussi voisine, est devenue importante aux dépens d'O-Porto. Anciennement O-Porto appartenait aux Evêques, qui étaient continuellement en dispute avec les rois de Portugal. Le roi D. Affonso III ordonna que tous les vaisseaux devaient mouiller devant Villa-Nova, y décharger leur cargaison et payer les droits, ce qui eut lieu au grand préjudice d'O-Porto. Ces différends furent terminés, et O-Porto échut à la couronne ; mais Villa-Nova resta une ville considérable, parce que la rive du Douro y est plus basse, et offre un meilleur emplacement pour les magasins que la rive opposée qui est escarpée.

Braga est une ville sans fortifications et une des plus anciennes du royaume. On y a trouvé des médailles romaines et les vestiges d'un amphithéâtre et d'un aqueduc. Selon quelques auteurs, la cathédrale doit avoir servi anciennement de temple aux Romains;

je n'y ai remarqué que le style qu'on nomme ordinairement *gothique*. Mais je ne garantis point ce que j'ai dit *tome II*, *p*. 5, de l'administration judiciaire : la ville a un Corregedor et deux *Juizes de Fora*. Autant que je puis m'en rappeler, aucun d'eux ne nous inquiéta.

J'ai parlé en détail, *tome II*, *page* 13, des bains de *Caldas*, des montagnes d'alentour et de la Serra de Gerez, nommée par les anciens *Juressus*. Aucun auteur n'a fait mention de cet endroit; on dit seulement qu'il y a des bains chauds dans ces montagnes. Il est hors de doute qu'on n'a commencé à les visiter que dans les temps postérieurs. Cet établissement est dans un fort mauvais état. Il est vrai qu'il y a des auberges, mais on ne peut y loger que des chevaux; et celui qui n'a pas eu soin de faire retenir d'avance, par un de ses amis, des logemens à Villar de Veiga, est exposé à n'en point avoir, d'autant plus que l'affluence des étrangers est très-grande. Toutes les maisons appartiennent aux habitans de Villar de Veiga, et ne sont point occupées pendant l'hiver. Une famille qui arriva trop tard, fut obligée de se construire des barraques. Nous n'aurions également pu être logés sans la complaisance d'un négociant anglais d'O-Porto, M. *William-Nassau*, qui ne connaissait point le comte *de H*..... C'est à ses soins obligeans que nous fûmes redevables d'un logement commode. Je me fais un vrai plaisir de nommer ici cet homme aimable, car il m'est échappé, *T. II. p.* 31, une expression que l'on pourrait appliquer à toute la nation anglaise. Quelques voyageurs, principalement des Anglais (j'en excepte cependant *Murphy*), se sont permis des remarques outrageantes pour les Portugais, et c'est ceux-là que j'avais en vue.

Les denrées que l'on vend ici consistent en bœuf, poules, jambon, lard, du vin aigrelet du pays (*vinho verde*), rarement du bon vin du Douro (*vinho maduro*); en choux, salade, oignons, huile, vinaigre, sel, oranges, sucre; il est difficile d'avoir des cerises et des poires. Celui qui se contente de ces objets peut vivre ici assez commodément; mais quant aux autres provisions, on est obligé de les faire venir de Villar de Veiga, à une lieue de distance. Les alimens sont à bon marché; il n'y a que l'entretien des chevaux qui soit dispendieux; il coûte trois fois plus qu'à Lisbonne. Il y a du foin; mais il est si sec, qu'il a perdu tout son suc: l'orge est très-rare. Un cultivateur de Villar de Veiga, nommé *José Pereira*, est le meilleur guide dans ces montagnes. Non-seulement il a une connaissance parfaite de tous les chemins, mais il sait aussi indiquer tout ce qu'il y a de remarquable dans ces montagnes, comme le pont et les pierres milliaires des Romains, les endroits où l'on trouve des cristaux, des schorls et des chèvres sauvages; il connaît même les différens arbustes qui croissent sur les rochers.

Je ne puis passer sous silence le nom d'une aimable famille qui nous reçut de la manière la plus obligeante dans le village de *Villarinha do Furno.* Le chef de cette famille se nomme *Manoel de Outeiro*, et sa femme, *Donna Custodia.* L'or des voyageurs a depuis long-temps banni la franche hospitalité des vallons solitaires de la Suisse; une guerre dévastatrice nous a mieux fait connaître les mœurs des montagnards suisses que les poésies de *Haller*. Ces vertus se seraient-elles peut-être réfugiées dans les vallées paisibles et oubliées du Gerez?.... Les bords du Homen sont habités par un autre peuple pasteur; une nouvelle Arcadie est entourée de rochers inaccessibles; c'est-là que le voyageur est accueilli avec une confiance sans bornes, une gaîté inaltérable, qui lui fait passer les plus doux instans. Il est à souhaiter qu'il n'y ait que les amateurs de la botanique qui franchissent les rochers de la *Serra Amarella*; et puisse tout voyageur curieux rester éloigné de cette peuplade, pour qu'elle ne soit pas corrompue par l'or et le luxe!

Cependant on n'a pas lieu de le redouter, car les chemins, dans la partie supérieure du Minho, sont fort mauvais, et rendent les voyages aux bains chauds très-difficiles. Il est impossible d'y parvenir avec des voitures; les habitans ne se servent que de petites charettes légères. Les hommes font usage de mulets pour voyager; car non-seulement il est difficile de se procurer des chevaux, mais ils ne valent même rien dans ces montagnes. Les femmes sont obligées de se servir de leurs chaises à porteur, suspendues sur le dos de deux chevaux ou de deux mules, manière de voyager très-incommode, car ces chaises sont petites et fermées; aussi ne peut-on en faire usage dans les grandes chaleurs. Au reste, les chevaux et les mulets, lorsqu'ils sont dressés, ont le pas très-sûr, et l'on n'est exposé à aucun danger dans ces mauvais chemins. Le grand nombre de gorges et de passages étroits oblige d'attacher des clochettes aux animaux. Il paraît que cette manière de voyager a été autrefois usitée dans tout le royaume. De nos jours elle paraît être abolie dans les provinces méridionales et dans les pays de plaines.

Dans ces montagnes, on est accoutumé à conserver les épis de maïs sous de petits angars qui reposent sur des piles de pierres, et qui ressemblent à des poulaillers. Le pain ordinaire est fait ici, comme dans tout le Minho, d'un mélange de farine de maïs et de seigle, et se nomme *broa*. On bat le bled comme dans tout le nord du Portugal, ce qui a lieu aussitôt après la moisson. Les batteurs se rangent sur deux files, les uns vis-à-vis des autres, et laissent tomber le fléau tous à la fois, en observant une certaine mesure. Nous avons déjà observé cette méthode singulière dans le Minho.

La production naturelle la plus remarquable des montagnes du Gerez, est la chèvre sauvage, dont j'ai donné une description abrégée, tom. II, pag. 24. J'espère que nous pourrons offrir aux naturalistes une description complète de cet animal, accompagnée d'une figure exacte que le Comte *de H*....... a dessinée. J'ai dit que cet animal se nomme *Capra Ægagrus*; cette assertion mérite quelques développemens. Le célèbre zoologiste *Pallas* fut le premier qui nous fit connaître cet animal comme une variété primitive de la chèvre domestique; il nous en a donné une description accompagnée d'une figure représentant le crâne et les cornes de l'animal, que *Gmelin* lui avait envoyés des montagnes de la Perse, au bord de la mer Caspienne. La forme du crâne, ainsi que celle des cornes, prouve que la chèvre du Portugal ressemble beaucoup à cet animal. La description qu'en donne *Gmelin*, le poil qui est mêlé de gris et de roux, la raie noire qu'il a sur le dos, et d'autres particularités, s'accordent parfaitement avec le quadrupède que nous avons observé. La description que *Kaempfer* donne de la chèvre bezoard, s'y rapporte aussi. Cet animal, dit-il, a la forme, la couleur et la stature du cerf, la barbe et la taille d'une chèvre, un poil court, mêlé de gris et de roux. *Pallas* prétend que cet animal existe ailleurs qu'aux environs de la mer Caspienne et du nord de l'Inde; il dit qu'il y en a même en Europe. A cette occasion, il cite un passage de l'histoire des animaux de *Gessner*, où il est fait mention d'un animal pareil, transporté du nord de l'Afrique en Angleterre. On prétend cependant qu'il y a encore de nos jours des chèvres sauvages dans l'île de Tavolara, près de la Sardaigne, comme le rapporte *Cetti* dans son histoire naturelle de la Sardaigne; mais il n'en donne pas une description exacte. Selon *Pausanias*, il y avait des chèvres sauvages en Sardaigne, et *Varron* affirme qu'on en rencontrait dans l'île de Caprasia et sur la terre-ferme d'Italie. Le climat de toutes ces contrées, la Perse septentrionale, le nord de l'Inde, le Portugal et l'Italie s'accordent parfaitement; car, quoique la Perse soit plus au midi, les montagnes y sont plus hautes qu'en Italie et en Portugal. En un mot, je ne doute point que nous n'ayons retrouvé la variété primitive de la chèvre domestique aux frontières les plus reculées de l'Europe, et il me paraît que ce fait est très-important pour l'histoire naturelle.

A notre retour du Gerez, nous passâmes par *Villar de Veiga*, et un peu plus bas nous traversâmes un pont de bois, là où le *Rio das Caldas*, qui coule dans la vallée des Bains, tombe dans le *Rio Caldo*, qui vient de Montealègre. La campagne est fort belle. Nous passâmes ensuite devant l'église de *Carniçada*, près de laquelle se trouve la pharmacie la plus prochaine pour les bains. C'est ici qu'on aperçoit pour la dernière fois la Serra de Gerez. Plus loin, nous traversâmes *Pardieiros*, *Nossa Senhora do Porto*, la rivière *Ave*, l'abbaye *Villa Cova*, *Fafé*, *Lixé*, et nous arrivâmes à *Amarante*. Dans la seconde partie de ce voyage, on a commis quelques fautes dans l'orthographe de plusieurs de ces noms, comme

Fofé, au lieu de *Fafé*; *Padrieiros*, au lieu de *Pardieiros*. Amarante est une des villes les plus agréables du Minho; le beau pont sur le Tamega ou Tamaga, n'avait été construit que depuis deux ans, et était garni de bancs. C'est le lieu où se réunissent les habitans en été. Le faubourg au-delà de la rivière se nomme *Covelo*, et appartient à une autre *Comarca*, comme formant un endroit particulier. Le pont, la rivière et l'aspect des coteaux boisés présentent un coup-d'œil enchanteur; le long de la rivière il y a des berceaux pour ceux qui veulent se baigner.

La *Serra de Marao* forme la limite entre les provinces de Minho e Douro, et Traz os Montes; le village *Campeao* ou *Campeani*, fait partie de cette dernière. J'observe ici que le schiste dont sont formés les sommets de ces montagnes, n'est pas du vrai schiste argilleux, mais du schiste micacé qui se mêle au premier. Le fossile inconnu dont j'ai parlé dans le second volume, est une variété remarquable du chiastolite déterminé par *Karstens*; il y a peu de temps qu'on a trouvé un fossile pareil dans le pays de Bareuth.

2°. *Voyage en hiver par la Serra de Marao, Guimaraens et la Serra de Gerez.*

Les frimats couvrent maintenant les montagnes du Minho. Dans le premier voyage par le Traz os Montes, au commencement de l'année 1800, le Comte *de H*..... visita ces montagnes, pour y recueillir les plantes cryptogamiques qui croissent dans cette saison. Il avait déjà visité l'Estrella, et le 25 février il arriva à Peza da Regoa. L'aspect de cette contrée était bien différent de celui qu'elle nous offrit il y a deux ans, au mois de juillet. La rivière qui, en été, est assez basse pour pouvoir la passer au gué, était considérablement accrue, et avait inondé les promenades qui ornent ses bords. Un temps froid et brumeux, accompagné de pluies et d'un vent du sud-ouest, retardait les progrès de la végétation, et rendait ce séjour peu agréable. La vallée du Douro supérieur portait le caractère des contrées de la Castille; la chaleur y est excessive en été, mais elle est froide et désagréable en hiver. La compagnie du Douro supérieur augmentait encore les difficultés qu'éprouvent les voyageurs, en faisant débiter un breuvage détestable, composé de différentes substances corrompues, et qu'elle qualifiait du nom de vin. Celui d'une qualité supérieure avait été accaparé et envoyé à l'étranger; mais, comme elle possède le commerce exclusif du vin dans ces contrées et la ville de Porto, elle peut forcer les habitans de boire le mauvais vin. Certes, il n'est pas étonnant que l'on s'opposa d'abord à cette compagnie, et qu'elle ne put être établie que par la violence.

Le 2 mars il fit un orage affreux, accompagné de pluie, sur la Serra de Marao. Les sommets étaient couverts de neige, mais le bord de la route de *Campeao* était orné de violettes, fleurs assez rares en Portugal, et que nous n'avions aperçues jusqu'alors que sur la *Serra de Monchique*. Il tomba un peu de neige dans la nuit du 3 mars.

La route de Campeao à *Guimaraens*, à

six lieues de distance, traverse une partie des fertiles vallées du Minho et des montagnes d'un accès difficile. Guimaraens, ville et chef-lieu d'une *Comarça*, est une des plus considérables du royaume; elle est située dans une plaine fertile, entourée de collines et de montagnes peu élevées. Les champs sont divisés en portions égales, par des haies vives de coignassiers et d'autres arbustes, parsemés de chênes, autour desquels s'élèvent des ceps de vignes. La ville est grande, les maisons bien construites, les rues larges; elle est même plus propre que la plupart des autres villes du Portugal. On y remarque beaucoup d'activité, une quantité d'ateliers et des boutiques remplies de marchandises. Toutes les maisons sont enduites de plâtre et pourvues de fenêtres, chose assez rare dans les petites villes du Portugal et de l'Espagne; il n'en existe point dans les villages. Cette ville renferme quelques places régulières; plusieurs sont ornées d'arbres; on la divise en ville vieille et ville neuve. La première est bâtie en amphithéâtre; on y remarque un ancien château flanqué de tours carrées, et entouré de murailles ; cependant une partie des maisons est construite hors des murs. Il y a ici une riche abbaye royale, avec une belle église qui fut rebâtie par *Don Jean I*, fondateur de Batalha. Une image miraculeuse de la Vierge a non seulement donné lieu à la fondation de cette abbaye, mais aussi à celle de toute la ville. On trouve une description détaillée de cette église et des autres curiosités de Guimaraens, dans *les Délices d'Espagne et de Portugal*, par *Colmenar*.

Guimaraens fut la première résidence des rois de Portugal : c'est là qu'habitèrent le comte *Henrique* et son fils *D. Alfonso-Henriquez*. Celui-ci fit la guerre à sa mère, qui voulut lui disputer la couronne ; après l'avoir vaincue, il la fit charger de chaînes. Mais elle fut vengée par le roi de Castille, qui entra en Portugal, défit *Alfonso*, et le renferma dans Guimaraens. L'action héroïque d'*Egaz Moniz* sauva la vie à *Alfonso*. Ce Portugais se rend dans le camp des Espagnols, assure au roi de Castille qu'*Alfonso* se soumettra ; qu'il se charge de les réconcilier, et persuade le monarque espagnol de lever le siège. Celui-ci, se fiant à sa promesse, lui accorde sa demande. *Egaz Moniz* retourne à Guimaraens ; les assiégés reprennent courage, et *Alfonso* rejette avec mépris les propositions du roi de Castille. Mais *Egaz Moniz* ne resta point à Guimaraens ; il retourne avec sa femme et ses enfans dans le camp des Espagnols, pour offrir sa vie et celle de sa famille au roi de Castille outragé. Celui-ci, plus généreux que les Carthaginois, pardonna à ce second *Régulus*. *Le Camoens*, qui n'a oublié aucune circonstance remarquable de l'histoire de son pays dans son poëme, raconte cette action héroïque d'*Egaz Moniz* ; mais je ne trouve point que les vers où il en parle soient d'une beauté particulière.

Dans les environs de Guimaraens on trouve des bains chauds : l'un à *Saint-Miguel das Caldas*, que l'on nomme aussi *Caldellas* et *Lameiro*, jouit d'une grande réputation. On suit d'abord, pendant une heure, la belle route d'O-Porto; ensuite on détourne à gauche, en traversant, pendant trois quarts de lieue, un pays bien cultivé. Ces bains sont entourés de plusieurs petites maisons isolées, mais fort agréables, qui ont été construites depuis peu par des personnes aisées. Une d'elles appartient au *Juiz de Fora*, et une autre au prieur de Barcellos; les propriétaires les louent avec bénéfice pendant le temps des bains. Les sources même se trouvent dans une petite plaine. Une maison en bois recouvre l'un des bains; mais, comme tous les établissemens pareils du royaume, elle est mal distribuée. A quelque distance on voit plusieurs autres maisons isolées. Nous ne pûmes juger du degré de chaleur des sources, à cause de la rigueur de la saison. La grande source était tiède à environ 20° du thermomètre de Réaumur, et avait un goût soufré; une autre était chaude à peu près 40° de Réaumur, et avait le même goût, quoique moins fort. Il y a près des bains une promenade plantée de peupliers. Depuis quelque tems on a découvert ici des vestiges de bains romains, dont le parquet est en mosaïque. L'autre bain, *S. Antonio de Taipa Vizella*, est à une lieue de Guimaraens, sur la route de Braga. Toutes ces sources sortent d'un lit de granit.

Depuis Guimaraens jusqu'à *Pardieiros* il y

a quatre lieues, par un pays couvert de collines. Nous avons parlé plus haut de la route de Pardierios jusqu'aux bains du Gerez. Comme ce lieu n'est ni habité ni fréquenté en hiver, nous devions nous attendre à le trouver vuide et solitaire; mais, à notre grand étonnement, nous y rencontrâmes une grande activité; nombre de maçons et d'ouvriers étaient occupés, soit à construire de nouvelles maisons, soit à réparer les anciennes. Depuis notre dernier séjour on avait bâti plusieurs nouvelles habitations; l'établissement paraissait prospérer de plus en plus. Des bains aussi voisins que le sont ceux du Gerez et de Guimaraens, dont les effets sont également salutaires, et qui sont très-fréquentés, prouvent qu'il y a beaucoup de personnes aisées dans cette province; le bon ton de la société règne dans ces lieux, et il paraît qu'il est de mode dans ce pays de visiter les bains. On pourrait demander pourquoi je n'en tire pas la conclusion bien plus naturelle de l'effet salutaire de ses eaux; mais parmi le grand nombre de personnes qui se trouvaient dans le Gerez, il y en avait tout au plus quatre ou ciuq qui paraissaient réellement malades; le reste n'y était venu que pour s'amuser.

Quoique à cette époque, au 13 mars, les chênes ne fussent pas encore verts, les différentes espèces de bruyères, le fraisier-arbre (*arbustus unedo*), l'azereiro ou prûnier du Portugal, le tinus *(viburnum tinus)*, ornaient déjà de leur belle verdure le penchant des montagnes; le long des ruisseaux fleurissaient les narcisses et l'anémone des bois. Malgré la rigueur de l'hiver de 1799 à 1800, on n'apercevait point de neige dans les vallées; il n'y avait que la cime des montagnes, et sur-tout celle du *Murro do Burrageiro*, qui en fût couverte. Nous trouvâmes beaucoup de mousses et d'algues, qui augmentent la liste des plantes du Portugal. Tout ceci prouve que la cime la plus élevée du Gerez n'est qu'à trois mille pieds au-dessus du niveau de la mer, comme je l'ai déjà observé *T. II*, *p.* 27. La province entre Minho e Douro, comparée à celle de Traz os Montès, est bien moins élevée; les vallées fournissent la plupart des productions du midi du Portugal; les montagnes ne sont que peu élevées au-dessus des profondes vallées, et ne sont pas d'une hauteur considérable. Toute la contrée paraît partagée en vallées profondes, par le grand nombre de rivières qui descendent des frontières élevées du Traz os Montès. La province s'aplanit au couchant ou plutôt à l'O. S. O., comme on peut s'en convaincre par le cours des rivières, en jetant un coup-d'œil sur la carte.

3.° *Troisième voyage par la province du Minho. Villa do Conde. Barcellos. La Lima. Vianna.*

LA partie septentrionale de la province *entre Minho e Douro* n'avait point encore été visitée par nous; nous n'étions pas parvenus jusqu'aux bords du Minho. Les rives du Tage, du Douro et d'autres fleuves nous avaient fourni beaucoup de plantes rares; nous espérions faire une récolte aussi abondante sur celles du Minho. Après avoir parcouru le Traz os Montès, l'Estrella et une partie du Beira, le Comte de *H*.... se dirigea vers O-Porto, où il

5...

arriva le 3 juillet 1800. On connaît déjà cette ville par nos précédens voyages. D'ici à *Villa do Conde* il y a quatre lieues. On sort par la ville supérieure, et on suit un chemin qui traverse des champs cultivés et des buissons. *Villa do Conde* est une ville assez considérable, sur les bords de la rivière *Ave*, qui, par le voisinage de la mer dont elle n'est éloignée qu'à une demi-lieue, acquiert auprès de la ville une largeur de deux cents pas, et forme une petite baie. Le commerce maritime est cependant peu important; on ne fait que le cabotage avec des poissons et d'autres denrées. De l'autre côté de la rivière on passe par *Azurar*. On avait remplacé le mauvais pont de bois par un beau pont de pierre, et on levait un droit à cet effet. Le pays est uni et sablonneux, et par conséquent peu agréable. Ce n'est qu'à la distance d'une à deux lieues, au nord et au couchant, qu'on aperçoit quelques collines. Un aqueduc qui a une lieue de long, et qui repose sur des arcades simples et peu élevées, règne d'une des collines les plus prochaines au nord, jusqu'à cet endroit.

Jusqu'à *Barcellos*, à trois lieues de distance, le pays est élevé, et présente l'aspect de tous ceux de la province; des vallées et des coteaux sont variés par des champs de maïs entourés de chênes nains, dans lesquels s'entrelace la vigne; les chemins sont bordés d'arbres élevés et de buissons, et des ruisseaux limpides contribuent à rafraîchir l'atmosphère dans les chaleurs de l'été. Les montagnes sont pelées et couvertes de bruyères. Le pays produit du maïs et une espèce de haricots (*fejao freidinho*, *dolichos catjang*), un peu de lin et quelques fruits. La beauté de la campagne surpasse la fertilité du sol; et on nomme cette contrée le jardin du Portugal, parce que dans les plus grandes chaleurs on peut y voyager à l'ombre et au bord des ruisseaux. La ville de *Barcellos* est le chef-lieu d'une *Comarça* appartenant à la maison de Bragance; elle est grande, propre et pourvue de maisons bien construites et de rues alignées. La petite rivière *Cavado* baigne ses murs; elle est traversée par un beau pont de pierre. C'était le temps de la foire; une grande réunion de personnes déposait en faveur de la population de la province. Depuis Barcellos jusqu'au village *S. Juliao*, il y a deux lieues, et de là à *Ponte de Lima* deux lieues et demie. Le chemin conduit par un pays analogue à la province; les plaines sont cependant mieux cultivées.

Ponte de Lima est une ville de moyenne grandeur, mais assez bien bâtie. L'auberge est bonne ; elle est située hors de la ville, dans un grand emplacement, à quelque distance de la rivière *Lima*, et du beau pont de pierre dont ce lieu tire son nom. Devant la maison se trouve une fontaine qui fournit une eau excellente. La *Lima* est tellement célèbre à cause de la beauté de ses bords, qu'on la compare au *Lethe*, qui charma tant les armées romaines, qu'elles ne voulurent plus le quitter. C'est un torrent qui descend des montagnes ; mais ici, ses eaux sont limpides, et coulent sur un fond de sable et de gravier ; elles sont échauffées par les rayons du soleil, et estimées pour le bain. Cette rivière est souvent cachée par des touffes de chênes et des buissons qui ornent ses bords ; mais ordinairement elle coule dans un lit large, et les allées restent à quelque distance du rivage. La contrée est en général plate ou parsemée de collines; les montagnes s'aperçoivent dans l'éloignement. Les bords de la *Lima* ne se distinguent pas d'une manière particulière, par leur beauté, des autres contrées de la province; ils sont même inférieurs à beaucoup d'entr'elles, par rapport aux sites pittoresques, et ne doivent sans doute leur réputation qu'à la campagne unie qui les environne, ce qui rend les promenades moins fatigantes que par-tout ailleurs. Il faut aussi considérer la sensation agréable que produit sur un Portugais l'aspect d'une plaine; et certes c'est une chose si rare dans ce pays, qu'elle nous fit même plaisir, à nous qui préférions les montagnes. Le mot *planiça* fait seul l'éloge d'une contrée, et le Portugais le prononce toujours avec une certaine satisfaction.

La *Lima* est devenue pour les Portugais ce qu'était le Lignon pour les Français, dans leurs romans modernes. Un de leurs meilleurs poètes dans le genre des Idylles, *Diogo Bernardes*, naquit sur ses bords, à Ponte de Lima; il vécut quelque temps après *le Camoens*, et écrivit une collection de poésies, sur-tout des Idylles, qu'il intitula *Lima*. Déjà *le Camoens* et d'autres poètes portugais donnèrent à leurs bergers le nom des rivières où ils conduisaient leurs troupeaux; il fait chanter souvent un *Duriano* dans ses poésies. Les autres rivières du Portugal ne portaient pas un nom aussi facile à changer, et *le Camoens* fut obligé d'apeler le berger du Tage, *Anzino*. Le nom de *Limiano* était bien plus agréable à l'oreille, et, selon *Manoel de Faria e Sousa*, *le Camoens* s'en servit. On dit que *Diogo Bernardes* commit un plagiat, en s'appropriant les Idylles du *Camoens*. Les raisons de *Manoel* ne sont pas suffisantes pour me convaincre; *le Camoens* n'a jamais été dans ces contrées, et *Manoel* est si partial à son égard, qu'il voudrait lui attribuer chaque beau poème. Quoi qu'il en soit, dans les Idylles des Portugais, *Limiano* chante à côté de *Duriano* et d'*Anzino*; ils disent que la rivière roule ses eaux avec moins de bruit pour écouter les plaintes de l'amour.

A l'embouchure de la Lima, à trois lieues de Ponte de Lima, on trouve *Vianna*, ville et chef-lieu d'une *Comarca*, qui renferme environ 7000 habitans. Cet endroit est fortifié, mais c'est sur-tout le château de *Sant-Yago*, qui défend l'entrée du port qui autrefois était considérable, mais qui est comblé aujourd'hui et ne peut servir que pour les petits bâtimens. Ce n'est pas tant comme forteresse que cette ville est remarquable sous le rapport militaire, mais parce qu'elle est le séjour du gouverneur de la province (*Governador das armas*) et de son état-major. On ajoute une grande importance à ce poste; on le donne souvent à des étrangers, et aujourd'hui il est occupé par le lieutenant-général *David Calder*. La province fournit beaucoup de bonnes troupes; par cette circonstance, Vianna est devenue un endroit où il y a autant d'étrangers qu'à O-Porto : le bon ton de la société n'y est pas inconnu. De Vianna jusqu'à *Caminha* il y a trois lieues : la route passe dans les champs et le long des dunes qui sont au bord de la mer. Le pays n'est rien moins que beau ; les montagnes sont arides et couvertes de rochers.

4.° *Les bords du fleuve Minho. Retour à la Serra de Gerez.*

On aperçoit dans l'éloignement un fort situé sur une île, à l'embouchure du Minho. Ensuite on traverse une forêt de pins maritimes, qui borde pendant quelque temps le rivage orné d'arbres à liège. Cette forêt et ses dépendances sont une propriété de la *Camera* à *Caminha*, nommée *Caza do Infatado*. Au sortir de la forêt on se trouve près de *Caminha* et sur les bords du Minho, qui se rétrécit à son embouchure, après avoir formé une nappe d'eau de quelques milliers de pas de circonférence. Le rivage est élevé, tant sur le territoire portugais que sur celui d'Espagne, et bordé de montagnes pelées et peu élevées. *Caminha* est une ville de moyenne grandeur; ses fortifications sont irrégulières; l'embouchure du Minho y forme un port, qui ne peut cependant recevoir que de petits vaisseaux. A cent pas de l'endroit, la petite rivière de *Courra* tombe dans le Minho. Elle coule le long des montagnes, et prend sa source dans un marais salan. Depuis *Caminha* jusqu'aux bords de la mer, on compte une petite demi-lieue.

Nous remontâmes le Minho jusqu'aux frontières de la Gallice. Non loin de Caminha et de l'embouchure du Minho, on passe la *Courra* dans un bac. La route traverse, à peu de distance du Minho, la plaine au pied des montagnes, dont les derniers degrés sont couverts de maïs, de chênes et de vignobles, et dont la cime est pelée et rocailleuse. *Villanova de Cerveira*, à deux lieues de Caminha, est également une ville fortifiée, mais elle n'est ni aussi grande ni aussi pourvue de troupes. Du côté de Caminha se trouve un petit fort nommé *Castelinho*, et à l'opposé, vers *Valença*, le fort de *Azevedo*. Aux environs et sur-tout vers la rivière, on voit beaucoup de jardins potagers, où l'on cultive des oignons de l'espèce nommée chez nous oignons d'Espagne. Le Minho coule ici avec lenteur; ses bords sont marécageux et couverts d'arbres et de quelques buissons, mais peu intéressans par rapport à la botanique.

Le chemin de *Valença* s'éloigne un peu plus de la rivière, et, après avoir traversé quelques collines, il s'en rapproche. Valença, à deux lieues de Villanova, ville et chef-lieu d'une *Comarça*, est située sur une éminence et entourée d'une plaine assez étendue. C'est un lieu où règne quelque activité; il est fortifié, plus considérable que Villanova, mais plus petit que Caminha. Lorsque le gouverneur est absent, un *sargento-major* ou major commande ici. Après avoir lu nos passeports, il nous adressa la parole en allemand, et nous apprit qu'il se nommait *François Ferar;* qu'il avait été élevé à Vienne, resté en garnison à Temeswar en Hongrie, servi dans la guerre de sept ans, et fait toutes les campagnes en Saxe. Plusieurs Allemands, qui accompagnèrent comme soldats le Comte de la Lippe en Portugal, habitent ce pays et se sont décidés à y finir leurs jours, déterminés soit par la beauté du climat ou par quelque intrigue amoureuse : je ne crois pas que le service les y retiendrait long-temps.

Dans cette contrée, les bords du Minho sont plats et garnis de saules ou de champs de maïs très-étendus : la culture du maïs, qui s'est introduite depuis peu, a été plus nuisible qu'avantageuse au pays, à ce que prétendent des Portugais éclairés. Autrefois, les habitans semaient du bled sur les coteaux, et réservaient les plaines pour les pâturages. A cette époque, le Portugal exportait du bled, les villages étaient peuplés et les bestiaux nombreux ; les plaines sont aujourd'hui couvertes de maïs, dont le grand produit a séduit le cultivateur : les coteaux, au contraire, restent en friche, et la disette de fourrages a causé une diminution sensible dans les bestiaux. Je ne sais si cette assertion est fondée ; mais ce qui est certain, c'est que la culture du maïs a éloigné celle de toute autre espèce de bled. Les différentes sortes de millet sont devenues très-rares ; le froment a fait place au maïs, et on ne cultive du seigle que dans les lieux où la terre ne produit point de bled de Turquie. On doit être surpris que la nation portugaise soit tellement portée à favoriser la culture des plantes exotiques. Outre les différentes espèces de bled, on cultive fréquemment du millet et du fenouil; le premier provient de la Guinée, et s'est répandu en Portugal et dans d'autres contrées de l'Europe. La culture du maïs s'est accrue rapidement; la faséole *(dolichos catjang, fejao fraidinho)* n'est cultivée qu'en Portugal. Il est très-probable que ce furent les Portugais qui, les premiers, apportèrent les oranges et les radis de la Chine, et que les différentes sortes de raves sont passés des bords du Tage, dans nos jardins potagers. De même, l'aloès d'Amérique, le figuier d'Inde, et le ricin *(ricinus communis)*, crûrent d'abord sans culture en Portugal. Ces faits prouvent que la nation portugaise n'a pas un esprit aussi indolent que plusieurs peuples du nord, qui se départissent difficilement de leurs anciens usages, et auxquels on ne put faire adopter que très-tard la culture de la pomme de terre, cet excellent moyen contre la famine. La culture du maïs n'a pu séduire que par son grand produit; elle est plus pénible que celle du bled ordinaire; auquel il ne faut pas tant de soins.

La ville de *Monçao* est éloignée de *Valença* de deux lieues ; le paysage est à-peu-près le même, excepté que l'aspect des montagnes est plus sauvage. Cette ville, située sur une colline, au bord du Minho, est fortifiée, mais n'a qu'une faible garnison. Ce lieu est assez considérable ; il était autrefois très-florissant par l'exportation du vin, qui jouissait d'une grande réputation en Angleterre : on l'embarquait à *Lapalla*, à quelque distance en descendant le fleuve. A cette époque, plusieurs familles nobles habitaient cette ville ; mais lorsque le commerce du vin se porta vers le Douro, ces familles s'établirent ailleurs; la garnison fut diminuée, et c'est ainsi que Monçao tomba en décadence. Les habitans des campagnes négligèrent la culture de la vigne, pour se livrer à celle du maïs ; on exporte d'ici du maïs dans d'autres parties de la province. Le Minho n'a ici qu'une largeur de deux à trois cents pas; ses rives n'offrent rien d'intéressant pour la botanique.

A une lieue de Monçao, les bords du

fleuve sont formés par des rochers ; la route s'en éloigne sensiblement. On cultive la vigne avec assez de soin ; la contrée s'élève et se rapproche des hautes montagnes de la frontière. *Melgaço*, à deux lieues et demie de Monçao, est un endroit peu considérable ; il est pourvu d'un ancien château et d'une faible garnison. Ce lieu est dans une situation élevée à une demi-lieue des bords du Minho ; les rives de ce fleuve deviennent plus escarpées vers les frontières d'Espagne, et sont à la fin tellement couvertes de broussailles, qu'on ne peut plus les cotoyer. Quelques plantes que l'on ne trouve pas ordinairement en Portugal, et qui ne sont d'ailleurs pas très-rares, l'épervière en ombelle *(hieracium umbellatum)*, et la potentille des roches *(potentilla rupestris)*, furent tout ce que nous recueillîmes le long de ce fleuve, suivi sans relâche depuis son embouchure jusqu'aux frontières d'Espagne.

Nous retournâmes dans les montagnes du Gerez, et de-là à Bragance. Près de Melgaço ; on monte pendant une heure, au bout de laquelle on arrive entre des rochers élevés et pelés, sur le revers septentrional d'une haute chaîne de montagnes. Dans les environs d'*Alcobaça*, le paysage ressemble à celui du nord de l'Allemagne; on aperçoit des champs de seigle, des bouleaux, des myrtilles et de belles prairies parsemées de fleurs. On est entouré de rochers, dont les aiguilles, découpées en forme variée, se dessinent dans les nues; et le Gerez se distinguent dans le lointain. Le bourg *Castro Laboreiro* n'est qu'un misérable village sans auberge, où il faut passer la nuit en rase campagne, à moins que quelque paysan honnête ne vous offre un gîte.

La route la plus prochaine par *Lindoso* au Gerez, est impraticable pour les mulets. Il ne nous resta d'autre moyen que de tourner vers *Soazo*, à cinq lieues de *Castro Laboreiro*. Au bout d'une demi-heure, on arrive au village Alcobaça, et à deux lieues plus loin, à *Nossa Senhora do Venedo*, lieu de pélerinage, situé dans une vallée agréable, couverte de forêts de chênes et entourée de rochers. Depuis cet endroit, la route conduit à deux lieues et demie plus loin, par la *Serra de Soazo*, chaîne de montagnes affreuses et pelées, jusqu'au misérable bourg de *Soazo*, où l'on ne trouve pas la moindre commodité et à peine de quoi manger. Les branches du Gerez à l'ouest, deviennent plus arides, plus pelées et plus rocailleuses.

Il nous restait encore six lieues à faire pour arriver à Villar de Veiga, dont nous avons déjà parlé. A quelque distance de *Soazo*, on passe la Lima; les villages que l'on traverse, sont *Vertellos San-Miguel*, *Sant-Yago de Villachao*, *Bragance*, *Carvalhera*, *Covide* et *Rio-Caldo*. On monte sur des rochers escarpés, ensuite on descend dans des vallées où les villages sont entourés de champs de maïs et de bouquets de chênes. Des ruisseaux limpides offrent par-tout leur onde rafraîchissante. De Villar de Veiga nous continuâmes la route jusqu'à Montealegre, et nous visitâmes le Traz os Montès pour la seconde fois.

La province *entre Minho e Douro*, appelée vulgairement en Portugal le Minho, a été décrite *T. II*, *p.* 2; elle mérite l'attention particulière des voyageurs. L'Europe méridionale ne renferme aucun pays où, sous un climat tempéré et même chaud, on rencontre autant de vallées ombragées par de beaux arbres et arrosées par des ruisseaux limpides, et où la culture de la terre et l'activité d'une nombreuse population s'unissent aux beautés de la nature; j'ose ajouter, où un peuple aimable accueille avec confiance et bienveillance tout étranger qui passe dans ce pays.

Le Minho, comparé aux autres provinces, renferme un grand nombre de villes considérables et de bourgs; une partie de la population est cependant dispersée dans les maisons isolées. Il y a des *Concelhos* de 2000 et même de 5000 feux; il ne faut pas croire que l'endroit même les renferme, car on y comprend les maisons isolées et dispersées à une certaine distance: c'est ce qui fait un des principaux agrémens de cette province. Lorsqu'on a atteint une de ces belles vallées, on voyage toujours parmi des hommes; les habitations se succèdent, une ombre continuelle garantit des ardeurs du soleil, et des ruisseaux limpides répandent cette agréable fraîcheur que l'on ressent sous ces degrés de latitude, avec un plaisir inconnu aux habitans des contrées septentrionales. Les belles campagnes du midi de l'Europe, comme, par exemple, les plaines de l'Italie, empruntent leur charme de l'art. L'Apennin, à quelques vallées près, présente un aspect triste et uniforme; et la partie supérieure de l'Italie, ainsi que le midi de la France, sont déjà trop reculés vers le nord. D'après la description que nous ont donnée des auteurs anciens et modernes, de la belle vallée de Tempé, elle doit ressembler à une de ces délicieuses vallées du Minho.

CHAPITRE III.

LA PROVINCE DE BEIRA.

1.° *ADDITIONS au premier voyage par le Beira.*

NOTRE premier voyage par cette province fut entrepris depuis Coimbre jusqu'à O-Porto, cependant par une route qui n'est pas ordinaire, et nous revînmes de Lamego par l'Estrella, jusques dans les environs de Coimbre. (*Voyez tome I*, *pages* 378, 414; *et tome II*, *pages* 68, 72).

La première ville que l'on rencontre sur cette route est *Condeixa;* je me suis trompé dans l'étymologie de ce nom, et on m'en a fait des reproches en Portugal. J'ai dit que le nom de Condeixa dérivait de *corbeille de fleurs*; mais ce lieu s'appelle *Condeça*, et jamais on ne confond l'*x* avec le *ç*, quoiqu'il soit précédé d'un *i*. Je suis fâché que l'étymologie de ce nom soit fausse, car elle s'applique parfaitement à ce charmant séjour.

A quelque distance de l'auberge, on voit, dans le jardin d'un meûnier, une grotte en tuf, de 20 pieds de long sur autant de large, du fond de laquelle sort un ruisseau qui fait mouvoir aussitôt les roues du moulin. Cette grotte se nomme *Lapinha*; dans son intérieur brillent des stalactites. On dit que l'on trouve dans les environs, du minérai de fer et du soufre.

La route de Coimbre est pavée, mais très-dégradée. La campagne, aux environs de Coimbre, est une des plus belles du royaume; des ruisseaux descendant des collines, forment des vallées et tombent dans le Mondego; leurs bords sont ornés de jardins potagers, et entourés de collines couvertes de bois agréables. C'est plus qu'une simple tradition populaire qu'*Inez de Castro* a été assassinée dans la quinta des larmes, car d'anciens auteurs rapportent que la maison se nomme encore le séjour des larmes, et *le Camoens* parle de la source des larmes.

D. Inez est reconnue par les historiens portugais, comme l'épouse du roi *D. Pèdre*, surnommé le cruel ou le justicier. Il a eu beaucoup d'enfans avec elle, qui lui donnèrent une nombreuse postérité par le mariage de ses deux fils, *D. Diniz* et *D. Juan*, avec les filles de *Henri II*, roi de Castille. Une de ses filles, *Donna Béatrice*, épousa *D. Sanche*, seigneur d'Albuquerque, fils d'*Alphonse XI*, roi de Castille. *Antonio de Oliveira*, auteur d'une géographie du Portugal, dit que c'est d'elle que descendent tous les rois de la chrétienté ; apparemment qu'il n'y comprend pas les rois protestans.

Les vallées près de Coimbre, qui se dirigent en partie vers la vallée principale, sont arrosées par le Mondego, et portent des noms particuliers ; par exemple, *Val de Nozelhas*, *Val de Coselhas*, etc. La végétation y est très-riche, et le Mondego embellit la belle flore de ce pays, par beaucoup de plantes qui proviennent des montagnes élevées. Les rivières du Portugal répandent de cette manière plus de plantes que je n'en ai jamais remarqué près d'aucun fleuve. Elles augmentent en hiver à l'époque de la sève; au lieu que chez nous, elles ne s'accroissent qu'au printemps, où l'hiver a déjà détruit la sève. Nos rivières, et sur-tout les torrens qui descendent des montagnes, dispersent aussi les graines des plantes.

On ne trouve point de schiste argilleux aux environs de Coimbre; les montagnes sont formées par du schiste micacé et des pierres calcaires. Au midi du Mondego, on trouve beaucoup plus de pierres calcaires qu'au nord; les montagnes, dans cette direction, accompagnent le *Lousao*; celles-ci, les branches de l'Estrella. Dans le voisinage d'Ovar, on ne voit que du schiste argilleux et des couches de granit.

J'apprends que la *Ferrugem* (et non *Ferragem*) ou la rouille des oliviers, qui régna pendant quelque temps aux environs de Coimbre, a tout-à-fait cessé. Ce n'est pas seulement l'olivier, mais aussi le figuier qui est attaqué, en Portugal, par les vers.

Selon *Lasterin* (et non *Casterie*), les poteries que l'on fabrique en Portugal, et sur-tout à Estremoz, reçoivent leur peu dedensité du sel marin que l'on y mêle en Espagne. J'en ai douté *T. I. p.* 413; aujourd'hui j'apprends que ce mélange est totalement inconnu en Portugal.

J'ajouterai plus bas quelques notions sur l'académie de Coïmbre.

La route depuis O-Porto jusqu'à Aveiro traverse Vendas-Novas et Palhaza, deux petits villages. Le chemin que nous suivîmes est cependant le moins ordinaire; aussi ne le choisîmes-nous que pour observer les plantes des marais qui entourent Aveiro. On nous avertit de ne point prendre ce chemin, parce que les étrangers sont souvent attaqués, dans ces contrées marécageuses, de fièvres putrides, de dyssenteries et d'autres maladies. Nous en courûmes les risques et nous fûmes exempts de toute maladie, tant ici que pendant le cours de nos voyages. Les rives du *Vouga* sont plates et marécageuses jusqu'à *Angeja*; on aperçoit cependant, dans quelques endroits, de bons pâturages. Derrière Angeja s'élèvent des collines bien cultivées:

la navigation sur le Vouga, dans de petites barques, est très-active. Nous allâmes d'Aveiro à O-Porto, par le canal d'Ovar, mais qui ne mérite ce nom que là où il est garni de digues en pierres; ensuite il devient un lac. La navigation n'est pas dangereuse, dans quelques endroits on voyait le fond; mais en hiver, où les eaux sont grossies par les rivières qui se débordent, la navigation, par un vent fort, est très-difficile et souvent périlleuse.

A notre retour des provinces septentrionales, nous traversâmes la province de Beira, après avoir passé le Douro à Pezo da Regoa. Notre voyage s'étendit principalement sur l'Estrella, dont nous parlerons plus bas. Entre Lamego et l'Estrella se trouve la ville de *Viseu*, où l'on tient une foire célèbre au commencement de septembre; on y vend pour plusieurs millions de crusades de bijoux, d'ouvrages d'or et d'argent, de draps et de bestiaux. Nous recommandons à d'autres voyageurs de visiter les bains chauds de *St.-Pedro do Sul*, sur la droite du chemin de

Viseu; car nous nous hâtâmes d'arriver à l'Estrella, et à notre retour le Comte de *H*.... n'eut pas le temps de s'y arrêter.

La route depuis l'Estrella jusqu'aux frontières de l'Estremadure, passe par *S.-Romao*, *Caragoça*, *Gallizes*, *Moite*, *Venda do Valle*, *Sovereira-Formosa*, *Ponte de Murcella*, *Poyares*, *Foz de Aronce*, et *Corvo*. On pourra, d'après ces noms, rectifier les erreurs qui se sont glissées dans le *Tome I*, dans l'orthographe de ces mots.

2.° *Voyage à Bussaco et l'Estrella.*

Le dessein du Comte de *H*.... était de visiter pendant l'hiver l'Estrella, le Gerez et le Marao, pour y recueillir des plantes cryptogamiques. Il arriva le 16 janvier 1800, à Coimbre. A cette époque même les environs de Coimbre présentaient un coup-d'œil aussi agréable que varié, et on a raison de dire que ce paysage est un des plus beaux du royaume. Pour bien s'en convaincre, il faut avoir parcouru les promenades charmantes qui en font le principal ornement. L'aspect des coteaux boisés, et des sites pittoresques des hautes montagnes, est enchanteur; nulle part l'œil n'est blessé par des objets désagréables. Le séjour de la ville supérieure est sur-tout attrayant par la belle perspective dont on y jouit.

On nous avait souvent parlé avec éloge du couvent de Bussaco, situé sur une haute montagne, à trois lieues de Coimbre, à cause des belles *quintas* qu'il renferme; il était digne de toute notre attention à cause des plantes cryptogamiques que nous espérions y trouver. Les moines qui l'habitent sont des carmes de l'ordre des *Marianos*. Outre la règle générale de l'ordre, ils sont soumis à des règlemens particuliers très-sévères. Aucun étranger ne peut entrer dans le couvent sans une permission du général de l'ordre. Quoiqu'il soit souvent en voyage, on le trouve ordinairement dans le couvent *dos Remedios*, à Lisbonne. Le chemin jusqu'au village *Pampilhosa*, à deux lieues de Coimbre, est passablement uni; bientôt il s'élève, et une vallée profonde et entourée de rochers annonce de hautes montagnes; elles sont pelées, et on n'aperçoit des forêts de chênes que dans quelques endroits. Plusieurs croix annoncent le voisinage du couvent, et bientôt après on arrive à la porte du mur d'enceinte : elle est ornée des images de la mort; des crânes et des ossemens figurés par des pierres noires et blanches incrustées, l'entourent. Après avoir sonné, on est introduit par un frère lai.

L'étranger, préparé par cet esprit sinistre, est agréablement surpris de se trouver à l'ombre de chênes antiques. Une épaisse forêt environne le couvent; de beaux arbres ombragent les chemins qui serpentent dans toutes les directions, et qui aboutissent tantôt à une chapelle, tantôt à un crucifix, tantôt à un autel caché par des buissons; une mousse épaisse et verdoyante couvre le sol et le tronc des arbres; des ruisseaux sortant des rochers disparaissent sous le touffu des broussailles; des cyprès majestueux, dont les troncs existent depuis deux siècles, groupés pittoresquement; des pins maritimes élevés et d'antiques chênes couronnés de lierre, forment cette forêt sacrée. Un brouillard épais qui régnait dans cette triste journée d'hiver, nous déroba la vue de la cime

des arbres; ce séjour solitaire, ce couvent consacré au silence, l'habillement bizarre des moines, remplissent l'ame d'une terreur involontaire. Oubliant le monde, oubliés par lui, les habitans de ces lieux se promènent à l'ombre des cyprès, en gardant un silence religieux. On dirait que la religion a établi ici son trône majestueux et formidable.

Le couvent est situé sur le revers septentrional d'une montagne qui a environ la hauteur de celle de Cintra; la mer reste à la distance de cinq lieues en ligne directe. Un espace d'une lieue de circonférence est entouré de murs et consiste en une forêt épaissse, à l'exception du jardin potager et de quelques champs cultivés. Le bois taillis est formé par le tinus *(viburnum tinus)*, le houx *(Ilex aquifolium)*, le fraisier-arbre ou arbousier *(arbutus unedo)* et quelques autres epèces; le bois de haute futaie se compose de chênes, de pins maritimes et de pins de Goa. Ce bel arbre, dont j'ai fait mention *T. I*, *p.* 401, a été apporté ici de Goa, il y a plus de deux cents ans. On voit encore les premiers arbres qu'on a plantés, et de cette *quinta* sont sortis originairement tous ceux qu'on voit dans le royaume, et peut-être en Europe. La cime la plus élevée de la montagne est à une demi-lieue du couvent. On y jouit d'une vue très-étendue jusqu'à la mer, et dans les environs on ne voit pas de montagne plus élevée, excepté au nord la *Serra de Caramulo*, et au nord-ouest la *Serra de Estrella*.

Le froid est bien plus vif ici qu'à Coimbre. Depuis quelques semaines il avait gelé continuellement; il était tombé de la neige à la fin de janvier, mais elle ne restait pas long-temps sur la terre; cependant la cime de la *Serra de Caramulo* en était couverte.

Le genre de vie des moines est très-rigoureux. Plusieurs heures du jour et de la nuit sont consacrées à la prière et à chanter au chœur; ils ne mangent jamais de viande, et il ne leur est permis de parler que tous les quinze jours, le soir en se promenant. Il n'y a que le prieur ou *padre hospideiro*, qui est obligé de recevoir les étrangers et de s'entretenir avec eux, qui soit excepté de cette règle. Il se dédommagea amplement du silence qu'il avait été contraint de garder, parce que depuis long-temps il ne voyait plus d'étrangers; il parla continuellement, et il était bien excusable. Les terreurs de la religion disparaissent bientôt dans ces couvens austères, par la conversation animée des moines. Au reste nous fûmes bien accueillis, et traités par le prieur avec politesse et beaucoup d'égards. On nous servit à dîner des légumes, des œufs et de la morue : toutes ces choses étaient fort bien accommodées : le vin était bon. En sortant on laisse une petite offrande qui n'est jamais refusée, car on prétexte qu'elle servira à dire des messes.

De Coimbre nous continuâmes notre voyage à l'Estrella. A une lieue de la ville, près de *Torres*, on passe le Mondego ; et après avoir traversé des montagnes élevées, on arrive à *Ponte de Murcella*, à trois lieues de Torres. La route depuis cet endroit jusqu'à *Cea* a été décrite dans le *tome II*. *Dom Louis Bernardo*, dont le vrai nom est *Dom Louis Bernardo Pinto Homen e Mendoza*, fit encore l'accueil le plus flatteur au Comte, à Cea. Le 9 février nous gravîmes l'Estrella. Dans le petit village de *Povoa*, sur les premiers degrés de l'Estrella, nous trouvâmes de la neige; mais il n'y en avait point dans la vallée qui entoure *Sabugeiro.* Le *rio de Alva* était très-large. A l'opposé de Sabugeiro et du rio de Alva on aperçoit une petite forêt de bouleaux, dont la situation ne paraît guères plus élevée que celle du village. Mais, avant d'y parvenir, tout était couvert de neige ; elle était si épaisse en montant, qu'il nous fut impossible d'avancer. Dans les vallées moins fertiles nous aperçûmes à travers la neige une jolie variété de la narcisse ; dans les lieux exposés au soleil elle était en fleurs.

Nous continuâmes notre route par *Contenças* jusqu'à *Mangualde* ; il en a été fait mention *T. II, p.* 76, où il faut rectifier l'erreur relative à ces deux noms. Mais de Mangualde nous nous dirigeâmes sur *Alcavideque*, petit bourg à trois lieues de cet endroit, par une contrée montagneuse, mais fertile et bien peuplée, comme c'est l'ordinaire sur les premiers degrés de l'Estrella. Un ci-devant jésuite, qui habitait le bourg voisin de *Ferreira*, et qui avait été pendant 18 ans à Vienne, vint nous visiter pour nous conduire à *Ferreira de Aves*, couvent de religieuses, où il avait une sœur et quatre cousines. On les appela au parloir, où se rendit aussi l'abbesse. La conversation fut très-gaie; ces femmes parlèrent beaucoup, et éclataient de rire à chaque occasion. On nous servit du thé et des pâtisseries. Ces sœurs sont bénédictines.

La route depuis Alcavideque à *Mondein*, traverse un plateau élevé. Le temps était affreux; un ouragan accompagné de pluie et de grêle, et d'un froid très-vif, continua pendant toute la journée; les torrens étaient grossis, et augmentèrent la difficulté du voyage. Mondein est à quatre grandes lieues d'Alcavideque. Avant d'arriver à ce bourg, on descend une montagne considérable, garnie, comme les environs, de châtaigniers. On aperçoit quelques champs et des pâturages, au bord de la rivière *Varosa*. De l'autre côté, on voit des montagnes dont la cime est couverte de neige, et dans l'éloignement nous aperçûmes la *Serra de Marao* au-delà du Douro, qui était entièrement couverte de neige. En été, cette contrée doit être fort agréable. Il y a beaucoup d'industrie dans le bourg de Mondein; les habitans s'adonnent à l'éducation des vers à soie, et fabriquent des bas et d'autres objets de cette matière; on y fait aussi des bas de laine. Mondein n'est qu'à deux lieues de *Lamego*, qu'on connaît par nos précédens voyages; il est situé sur la chaîne de montagnes élevées qui bordent le Douro. La route depuis Lamego à Peza da Regoa, ou aux rives du Douro, à laquelle on travaillait du temps de notre premier voyage, n'était pas achevée.

3°. *Troisième voyage à l'Estrella, par Almeida et Guarda.*

Après avoir visité le Traz os Montès, le Comte de *H*.... se dirigea de nouveau vers l'Estrella et une partie de la province de Beira. Ainsi qu'il a été dit plus haut, il passa, le 22 mars 1800, le Douro à *Barca de Alva*, près de *Freixo de Espada cinta*, et quitta le Traz os Montès, pour se rendre dans le Beira. Les montagnes de ce côté-ci sont arides, mais la pente est douce. Le sommet en est applati et parsemé d'amas de rochers. *Scalhao* est un mauvais village à trois lieues de *Freixo*, où nous ne trouvâmes d'autre gîte que celui que nous offrit le juge de l'endroit, dans la maison commune.

La forteresse *Almeida* est à trois lieues plus loin ; le pays est toujours le même, excepté que près d'Almeida il est plus désert et plus aride. A une demi-lieue de la ville, le torrent *Coa* se précipite des montagnes ; ses bords présentaient un aspect si triste, que nous ne fûmes pas tentés d'y faire une excursion botanique. Almeida est située sur une colline ; cette ville n'est point désagréable, l'auberge y est bonne, mais d'une cherté excessive. On prétend que c'est une des meilleures forteresses du royaume ; sa position avantageuse la rend importante, car elle domine sur toute la plaine. Elle est pourvue d'une citadelle ; cependant ses fortifications ne sont point régulières. En 1762, Almeida fut prise par les Espagnols, après un siège de peu de jours, ce qui couvrit de honte les Portugais et les Espagnols. Le commandant se comporta en homme lâche, et parlait déjà de capitulation, lorsque l'ennemi n'était pas encore au pied des murs; le général espagnol commit faute sur faute. Le commandant de la place fut enfermé et mourut en prison. Après la prise d'Almeida, l'armée espagnole se répandit dans une partie de la province, jusqu'à ce qu'elle rencontrât le corps commandé par le Comte *de la Lippe*. Les deux armées se dirigèrent presque en ligne parallèle, vers les bords du Tage.

La route de *Guarda* passe par une contrée qui est d'abord couverte de collines, et ensuite parsemée de rochers et de montagnes; elle traverse les villages *Aldea nova*, *Freixo* et *Pincio*. Les environs de Pincio sont couverts de genêt du Portugal (*genista lusitanica*), arbuste singulier, sans feuilles et pourvu d'épines et de jolies fleurs jaunes. Des champs entiers en étaient couverts; il forme des buissons de cinq à six pieds. On aperçoit de loin *Guarda*, situé sur une hauteur au pied de laquelle croissent des châtaigniers, mais dont le sommet est triste et pelé. On compte six lieues d'Almeida à Guarda. Quoique Guarda porte le nom pompeux de *cidade*, on ne peut cependant pas faire l'éloge de cette ville qui est triste et déserte. A une lieue de distance on aperçoit le Mondego qui serpente dans une vallée profonde. A mesure que l'on descend vers ses bords, le pays est plus chaud et mieux cultivé, et l'on voit se succéder des champs, des plantations d'oliviers, des vignes et des vergers. Les eaux du Mondego sont très-limpides; on s'y promène avec plaisir en bateau. Plusieurs habitans de *Guarda* ont ici de belles propriétés, accompagnées de jardins agréables et ombragés. Il y a beaucoup de poissons dans cette rivière, sur-tout des truites. Un village voisin et un pont de pierre donnent à la contrée le nom de *Ponte de Faya*. La belle plantation de mûriers du colonel Oliveira d'O-Porto mérite une attention particulière.

Depuis Guarda à *Covilhao*, à six lieues, le chemin n'est pas fort agréable. A quelque distance de Guarda on traverse une belle vallée qui ne continue cependant pas pendant long-temps. On passe le *Zezeré*, et on aperçoit *Belmonte* sur une montagne aride. Avant d'arriver à *Covilhao*, on monte considérablement, car ce lieu est situé sur la branche orientale de l'Estrella. Il est renommé par ses manufactures de draps qui furent établies au commencement du 18.e siècle, par le Comte *Ericeira*, et qui sont encore en bon état. On y fabrique de gros draps pour les troupes et les classes inférieures du peuple; ils ne sont pas chers. Ce bourg jouit par-là d'une nombreuse population et d'une certaine aisance, quoiqu'il ne soit ni aussi joli, ni aussi considérable qu'on a lieu de l'attendre. Des châtaigniers et des oliviers rendent le pays supportable, mais ne peuvent détruire l'impression désagréable que laisse l'aspect d'un sol aride et pierreux. Au reste cette situation est bien choisie pour des manufactures de draps. La *Serra de Estrella* sert, dans toute son étendue, de pâturage aux moutons; elle nourrit presque tous les moutons du royaume; ces montagnes sont très-peuplées, mais les moyens de subsistance sont nuls à cause de l'aridité du sol et de la rigueur du climat. J'ai déjà observé dans le *tome II*, que l'Estrella donne naissance à bien moins de ruisseaux que le Gerez; et si ces ruisseaux deviennent de grandes rivières, cela ne tourne pas à son profit.

Un chemin pierreux qui traverse une contrée triste et déserte, conduit à *Manteigas* (et non Monteigas, comme il est dit *T. II*, *p*. 83), situé à trois lieues de Covilhao, sur la rive gauche du *Zezeré*. Ce bourg considérable ou règnent la gaîté et l'industrie, se trouve dans une vallée ornée de vergers, de châtaigniers, de jardins et de champs, et qui ressemble un peu à celle de *Cea*. Nous vîmes d'ici les sommets couverts de neige de l'Estrella. Le village *Sabugeiro* n'est qu'à la distance de deux lieues. On monte d'abord à l'ouest, ensuite on traverse une forêt de chênes, et on parvient à Sabugeiro par un pays agreste et couvert de rochers. Quoique nous fussions au printems dans ces montagnes, les environs du village n'étaient guère plus beaux qu'à notre premier voyage au mois de juillet. Nous fûmes accueillis avec une égale politesse par les habitans; mais la misère règne dans ce village. Les femmes et les enfans étaient couverts de haillons et demandaient l'aumône. Un hiver long et rigoureux était sans doute la cause de cette pauvreté. Ils n'ont pour tout moyen de subsistance que leurs troupeaux de moutons; mais ils sont obligés d'envoyer ceux-ci pendant cinq mois de l'année dans l'Alemtejo, et la cherté des pâturages, ainsi que les frais du voyage, absorbent presque la valeur de la laine. Il ne leur reste comme profit que le fromage et la viande, deux articles bien modiques en comparaison de tant de denrées qu'ils sont obligés d'acheter argent comptant. Ils gravissent, au danger de la vie, des rochers inaccessibles, pour recueillir de la racine de gentiane, qu'ils vendent dans les pharmacies.

Le 31 mai, il y avait encore de la neige à quelque distance de Sabugeiro; elle n'empêchait cependant pas de parvenir aux deux lacs *Lagoa Redonda* et *Longa*. Dans quelques endroits nous fûmes obligés de passer sur la neige, qui était couverte d'une croûte de glace assez épaisse pour nous porter; il y a cependant du danger lorsque la neige est amoncelée, et qu'il se forme une croûte pareille; il arrive souvent que cette neige fond, et que la glace forme une voûte sur laquelle on ne peut pas marcher avec sécurité. Les deux lacs dont les eaux tranquilles réfléchissaient les rochers couverts de neige, offraient un aspect qui doit étonner en Portugal. La neige qui se confond quelquefois à la verdure des prés, nous rappela les Alpes. La température qui est chaude à Sabugeiro, était ici d'une fraîcheur agréable. Nous vîmes fleurir trois sortes de narcisses dans les prés; elles se faisaient souvent jour à travers la neige. L'épaisseur de la neige nous empêcha d'aller du *Lagoa Longa* au *Lagoa Escura*. Cependant la neige ne séjourne jamais aussi long-temps dans ces montagnes; la grande quantité qui en était tombée est un phénomène si extraordinaire, que les habitans les plus âgés ne se rappellent pas d'en avoir vu un pareil. Les hivers rigoureux de 1798, 1799, et de 1799 à 1800, étaient la cause de ce phénomène. En hiver et au printems, le *Lagoa Escura* décharge ses eaux dans le *Lagoa Longa*, et ces deux se jettent, par le moyen de plusieurs torrens, dans le *rio de Alva*. Ces trois lacs sont formés par des sources et la fonte des neiges ; ils se débordent aussitôt que l'eau n'est plus au niveau des bords. Ils ne possèdent aucune des propriétés miraculeuses que leur attribuent plusieurs voyageurs.

Le Comte de *H....* desirant passer quelques jours sur ces montagnes, avait fait venir pour cet effet une tente de Coïmbre à *Covilhao*. Il choisit, pour l'établir, un pré qui se trouve au pied des grands amas de rochers dont j'ai parlé *T. II*, *pag.* 85. Il y a deux masses de rochers, dont l'une se nomme *Cimadouro dos Caes*, et l'autre *Cantaro Delgado ;* elles sont séparées par un étroit vallon. Le pré porte le nom d'*Albergaria*. Pour y parvenir, nous fûmes obligés de retourner à Mantaigas. On suit le cours du *Zezeré* dans une vallée entourée de montagnes arides et pelées, au pied desquelles les habitans récoltent un peu de bled à force de travail et de soins. A une lieue de Manteigas, on voit se précipiter du haut des rochers le *rio da Candieira*, torrent impétueux qui forme une cascade d'une hauteur et d'un volume considérables. Après avoir gravi quelques rochers, nous parvînmes au petit pré *Albergaria*, au pied et à l'est de ces masses de rochers. Le *Zezeré* sort de dessous la neige, et serpente comme un petit ruisseau dans le pré. Il est cependant séparé de cet amas de rochers par un autre pré nommé *Argentaria*, et par des précipices effrayans. Un de ces rochers, *Cimadouro dos Caes*, est épais et forme plusieurs aiguilles ; l'autre, *Cantaro Delgado*, paraît un cône pointu, dont le sommet, selon le témoignage unanime des habitans, n'a jamais été gravi ; on le regarde même comme inaccessible. Derrière la première masse des rochers, se trouve la vallon *Cavar das Vacas*, qui se termine par une montagne escarpée. Le *rio de Unhals* en sort et forme plusieurs cascades ; il se dirige au midi pour aller joindre le bourg *Unhals*, où il y a des bains chauds.

Le Comte de *H*... faillit perdre la vie dans les précipices et dans les neiges de l'Estrella, le 4 juin 1800. Je citerai le passage de son journal, où il fait mention d'un événement auquel on n'avait pas lieu de s'attendre dans un pays comme le Portugal.

« Je me proposai de visiter ce matin le » vallon au pied du *Cantaro Delgado*. Après » avoir monté pendant quelque temps, en » poursuivant le cours de *Zezeré*, j'arrivai » dans une jolie prairie nommée *Covao de* » *Metade*, et qui ressemble un peu à l'*Al-* » *bergaria*. Bientôt après j'eus le plaisir de » rencontrer, pour la première fois en Por- » tugal, la narcisse jaune, peu estimée dans » nos jardins, mais qui est fort belle dans » ce pays. Elle croît sur le penchant d'une » colline couverte d'une riche verdure, et » nommée par les habitans *Malhada do* » *Covao Cimeiro*. Le *Covao Cimeiro* est » un petit pré dans une situation plus élevée, » et auquel je ne parvins qu'après avoir » gravi avec peine un rocher escarpé. J'avais » le ruisseau à gauche; à l'opposé s'élevait » le *Cimadouro dos Caes*, et à droite, à » peu de distance, le *Cantaro Delgado*. Le » pré était encore couvert de neige dans » plusieurs endroits, mais elle commençait

» à fondre : deux espèces de narcisses se fai-
» saient jour à travers la neige. Le vallon
» était entouré de toutes parts de précipices
» et de rochers à pic ; à droite et au
» nord, les rochers s'élevaient perpendicu-
» lairement, et formaient différens degrés
» jusqu'au *Cantaro Gordo*, masse de roches
» qui ressemble au *Cantaro Delgada*, mais
» qui est plus considérable et éloignée de
» celui-ci, en ligne directe, d'un quart de
» lieue. Les précipices étaient remplis de
» neige que le vent avait amoncelée, et qui,
» fondant à sa base, formait plusieurs sources.
» Souvent les précipices se rapprochaient de
» manière à produire de petits vallons cou-
» verts de neige ; celle-ci était si dure, qu'a-
» près avoir hésité un moment, je résolus
» de la franchir. Mon dessein était de me
» rendre sur le plateau le plus élevé des
» montagnes, que je connaissais déjà par
» mes précédens voyages ; j'étais curieux de
» voir quel effet la neige y produisait, et si
» sa masse était considérable ; ce que je pou-
» vais à peine concevoir, en le comparant à
» l'état où je le vis alors, quoique le bord supé-

» rieur fût couvert d'une neige très-épaisse.
» Après avoir gravi, avec les plus grandes
» difficultés et pendant plusieurs heures, les
» rochers à pic, j'atteignis le bord supé-
» rieur; mais il était si élevé, et sur-tout
» si escarpé, que ce ne fut qu'avec le plus
» grand danger que je hasardai de le gravir.
» Je redescendis un peu, et je traversai un
» vallon de neige large de cinquante pas.
» Ensuite je parvins à la lisière des rochers
» arides, et enfin au plateau le plus élevé,
» dont les aiguilles ont à-peu-près la hau-
» teur des *Cantaros*. Le temps était sec et
» doux; mais le vent d'est, qui amène tou-
» jours le beau temps dans ces contrées,
» avait tourné au sud-ouest, et le ciel se
» couvrit de nuages, et d'un brouillard épais
» qui se répandait déja sur l'*Argenteira*.
» J'avais entendu dire qu'un brouillard subit
» couvre ces montagnes et devenait dan-
» gereux pour le voyageur; cependant je ne
» m'attendais pas à trouver cette vérité con-
» firmée aussi promptement. Après avoir
» franchi quelques amas de neige, je vis
» que le plateau supérieur en était entiè-

» rement couvert ; et jusqu'au sommet le
» plus élevé, nommé *Malhao da Serra*, je
» traversai une étendue de plus de deux
» mille pas sur la neige, qui avait trois à neuf
» pieds d'épaisseur. Le *Malhao* était peut-
» être entouré, pendant une demi-lieue
» et plus, d'un pareil amas, car je ne vis
» que le ciel et la neige. Lorsque j'eus
» franchi ce sommet, où ma curiosité
» fut amplement satisfaite par cette triste
» monotonie d'hiver, et que le brouillard
» couvrait déja une partie de l'horizon, je
» crus prudent de me retirer. J'avais eu le
» dessein de tourner le *Cantaro Delgado* et
» le *Cimadouro dos Caes* au midi, et de
» pénétrer par le *Covao das Vacas* et l'*Ar-*
» *genteira*, jusqu'à *Albergaria*. J'aban-
» donnai ce projet, et j'essayai (ce que je
» crus possible) de gagner le revers de ces
» masses de roches qui me paraissaient s'unir
» à celles qui séparaient notre camp de l'*Ar-*
» *genteira*. Depuis le bord du plateau je ne
» vis en effet qu'un médiocre vallon de
» neige à traverser pour y parvenir ; ainsi
» je crus devoir le franchir. Dès le premier

» instant j'eus quelques craintes ; je descendis
» passablement bien depuis le bord du plateau;
» ensuite je fus arrêté par un amas de neige,
» dont le bord, qui était dégelé, se détachait
» des rochers et présentait peu de solidité.
» Je fis un faux pas et glissai pendant quel-
» ques minutes. Bientôt après j'eus l'impru-
» dence de sauter, quoique sans danger, sur
» un rocher avancé; ce qui mettait un se-
» cond obstacle à ma marche, si je ne pou-
» vais pas aller plus loin par le chemin que
» j'avais d'abord choisi ; et cet obstacle se
» présenta aussitôt, à mon grand déplaisir;
» car l'endroit où je me trouvai ne présen-
» tait aucune issue. De tous côtés je n'a-
» perçus que des précipices affreux et au-
» cune possibilité de poser le pied avec as-
» surance. Il ne me restait qu'une seule
» issue : un énorme amas de neige régnait
» jusqu'à une certaine profondeur le long
» des rochers ; mais le bord en avait été
» dégelé, et offrait une crevasse dont je
» n'osai mesurer la profondeur. J'essayai
» cependant d'y poser le pied ; mais par-
» tout la neige se détachait, et j'étais bien

» content de pouvoir me retirer sans ac
» cident. Je vis bientôt qu'il ne me resta
» d'autre moyen que de gravir de nouvea
» jusqu'au plateau supérieur, et de-là soit d
» reprendre ma première route, soit de m
» tourner du côté opposé, vers *Sabugeiro*
» où je n'avais point de risque à courir
» car les montagnes sont accessibles dan
» cette direction, et il y avait peu d
» neige. Il fallut gravir d'abord le roche
» escarpé au pied duquel je me trouvai
» mais ce fut en vain que j'en fis la ten
» tative : il était perpendiculaire, trop élev
» et trop glissant, car je ne pus poser l
» pied nulle part; j'essayai à différentes re
» prises, mais toujours inutilement, et l
» crainte s'empara bientôt de moi. Je m
» disais : si je ne réussis pas à gravir l
» rocher, et que la nuit et le brouillar
» qui peut me devenir très-funeste, m
» surprennent dans ce lieu? Quel éta
» celui de mes compagnons qui pouvait m
» chercher ou m'entendre dans cette sol
» tude? Ainsi j'étais résolu de faire les essai
» les plus désespérés pour sortir de ma cruell

» position. Après quelques instans de réflexions » et de tentatives réitérées, je mis en usage » toutes les forces qui me restaient, et ce fut » avec un plaisir inexprimable que je vis mes » efforts couronnés d'un heureux succès, en » parvenant au sommet de ce fatal rocher. » Cependant tous les obstacles n'étaient pas » surmontés; il me restait encore l'amas de » neige à gravir : comme on sait, je ne l'avais » pas descendu, mais je m'étais laissé glisser. » J'essayai de grimper sur le rocher qui en » est voisin, mais il était trop escarpé; et » quoique l'amas de neige le fût également, » je pouvois y faire des trous, et y monter » comme sur une échelle. C'est ce qui eut » lieu en effet; ce ne fut qu'à l'aide des » pieds, des mains et de ma canne, que » je parvins à monter au haut de cette » échelle de neige. Me voilà donc parvenu » au plateau supérieur, et en état de con- » tinuer ma route; ce ne fut plus par plaisir » ou par curiosité, mais parce que c'était le » moyen le plus court et le moins difficile, » que je résolus d'exécuter mon premier » projet et de tourner le *Cantaro*. L'épais-

» seur du brouillard qui m'empêchait de
» distinguer les objets, me fut très-con-
» traire; pendant long-temps je marchai sur
» de la neige gelée. De crainte de retomber
» dans le précipice à gauche, je me tins du
» côté du plateau méridional, et il n'était
» pas étonnant que j'eusse été trop loin.
» Lorsque je me crus assez éloigné du rocher
» escarpé de *Covao das Vacas*, il me parut
» qu'il était temps de quitter la neige. Je
» descendis de la montagne à tout hasard,
» et, comme je l'appris par la suite, j'avais
» tenu la bonne direction: je me trompais
» cependant d'un seul vallon; car, au lieu
» de descendre dans celui qui conduit de
» l'*Argenteira* à *Unhaes*, j'en pris un autre
» plus étroit et moins accessible, à l'ouest
» du premier. Je vis bien que j'y étais à
» l'abri de la neige et des précipices, mais
» de hautes montagnes sans aucune trace
» de chemin, m'entouraient. Je remarquai
» que j'avais pris trop à droite; ce ne fut
» qu'après avoir escaladé une montagne à
» gauche, que j'aperçus dans le lointain un
» village que je reconnus pour être *Unhaes*,

» et je remarquai que je me trouvais dans un
» vallon inconnu. Il était trop tard, mais
» la nécessité et la certitude d'être échappé
» à un danger évident, ranimèrent mon cou-
» rage; je résolus de descendre dans la vallée
» jusqu'au village, malgré son éloignement,
» et de marcher jusqu'à ce que j'eusse ren-
» contré des hommes. La montagne était
» haute et escarpée ; des buissons et des
» pierres énormes la rendaient fort difficile.
» Je parvins cependant à la descendre, et
» à quelques pas du village, je rencontrai
» un paysan, qui m'informa que je n'avais
» qu'à passer le ruisseau d'*Unhaes* sur un
» pont voisin, et de monter la vallée à
» droite, pour parvenir à l'*Argenteira*,
» dont la distance n'était que d'une lieue.
» Le soleil était près de se coucher, et je
» me hâtai de gagner la vallée; mais je ne
» pus avancer très-vîte, car depuis 7 heures
» du matin j'avais continuellement marché
» ou plutôt grimpé, sans prendre la moindre
» nourriture. J'avais encore un rocher à es-
» calader pour parvenir à l'*Argenteira*,
» lorsque le brouillard s'épaissit subitement,

» et me déroba la clarté du jour. Je continuai ma route aussi bien que je le pus ; » j'aperçus un pré et je me crus déjà rendu » dans ma tente ; je le traversai, mais il » me parut moins considérable, et j'entendis » le bruit d'une cascade, trop voisine pour » être l'*Argenteira*. Lorsque je fus au bout » de ce pré, je m'aperçus que je m'étais » trompé. Je vis reparaître de hautes montagnes, et briller la neige dans le crépuscule ; je fus bientôt convaincu d'avoir » atteint l'extrémité du *Covao das Vacas*. Il » ne me resta d'autre moyen que de retourner sur mes pas et de chercher la » bonne route. Pendant ce temps, la nuit » était arrivée ; et si la lune n'eût répandu » quelque clarté, malgré l'épaisseur du brouillard qui tombait en pluie très-fine, j'aurais » été obligé de rester dans le lieu où je me » trouvais; mais j'espérais toujours atteindre » notre camp, et je redescendis la montagne. Bientôt j'aperçus un pré que je » crus être l'*Argenteira*, mais c'était le » même que j'avais vu d'abord. Il ne me » fut plus possible de m'orienter. Enfin,

» je perdis toute espérance de retrouver ma » route, et je résolus de joindre un pâtre, » que j'avais aperçu conduisant un trou- » peau de bœufs, lorsque je montai la » montagne. Au même instant le brouil- » lard se dissipa un peu, et me fit aperce- » voir une montagne pelée que j'avais déjà » vue depuis l'*Argenteira*, et dans le loin- » tain je vis le rocher qui sépare ce pré » du nôtre. Je pus donc m'orienter, et je » montai aussitôt vers l'Argenteira, que j'at- » teignis bientôt après. Je le reconnus au » silence qui y régnait, à sa grande lon- » gueur, à son peu de largeur, et à plu- » sieurs petits ruisseaux dont il était arrosé. » Il me restait encore le dernier rocher à » escalader : il faisait très-sombre ; il était » entre neuf et dix heures du soir ; il y » avait près de quinze heures que je mar- » chais, et j'étais tellement épuisé, que je » fus obligé de me reposer à chaque ins- » tant, et de faire des efforts pour m'em- » pêcher de dormir. Le desir d'abréger mon » chemin par la ligne la plus directe, fut » cause que je manquai le sentier très-peu

» battu, qu'on a de la peine à reconnaître,
» même en plein jour. Je m'étais trop rap-
» proché des montagnes élevées, et j'arrivai
» parmi un amas de rochers et des buissons
» épais. J'entendis appeler dans l'éloigne-
» ment, et je répondis aussitôt de toute la
« force de ma voix. La proximité d'un être
» vivant me donna de nouvelles forces;
» j'avançai le plus promptement possible,
» et j'entendis toujours la même voix; elle
» approcha, et je reconnus, à ses lamenta-
» tions, un vieux pâtre qui m'avait servi
» de guide; il fut bientôt près de moi. On
» avait été fort inquiet sur mon absence;
» et lorsqu'il entendit où j'étais allé, il cal-
» cula si bien la route que j'avais dû tenir,
» qu'il vint à ma rencontre. La certitude
» d'être bientôt au terme de ma pénible
» excursion ranima mon courage. Nous nous
» traînâmes lentement parmi les brouis-
» sailles, car il était impossible de marcher.
» Le vieux pâtre ne put pas reconnaître le
» sentier, et nous arrivâmes dans notre
» camp, dont nous aperçûmes les feux de
» loin, par une route toute opposée. Mon

» plaisir fut inexprimable, de me retrouver
» au milieu de mes compagnons, et le lait
» que je bus me rétablit entièrement. Je
» crus pouvoir bien dormir, mais j'avais
» fait des efforts trop violens ; j'eus un
» sommeil inquiet et agité par des rêves
» effrayans. Pendant quelques jours je res-
» sentis une douleur très-vive dans tous les
» membres ».

Ce récit suffira pour donner au lecteur une idée de la *Serra de Estrella*, que nous aurons occasion de visiter une seconde fois, et que l'on peut nommer avec raison les Alpes du Portugal.

4.° *Voyage depuis la Serra de Estrella, jusqu'à la Serra de Louzaa.*

Après notre excursion dans les montagnes, nous retournâmes à Manteigas. A une demi-lieue de cet endroit, en remontant le *Zezeré*, on rencontre sur les bords une source d'eau douce, qui est visitée par les malades des environs. Elle sort entre des blocs de granit, et n'a ni goût ni odeur. On a eu moins égard ici que dans toute autre province du royaume où se trouvent des bains chauds, à la commodité de ceux qui visitent ces sources ; on était cependant occupé à construire quelques nouvelles habitations. Ici, comme partout ailleurs en Portugal, les sources chaudes sortent du granit, et prouvent qu'il existe un feu souterrain qui menace le pays de ses éruptions et de ses bouleversemens.

La route de *Covilhao* était aussi désagréable qu'auparavant. Pour atteindre *Fundao*, on descend dans la plaine ; là on traverse le Zezeré sur un pont, et ensuite on parvient dans un pays inégal, où on aperçoit, tantôt des bouquets de chênes, et tantôt des champs fertiles, parsemés de fleurs et de plantes rares. Le joli bourg de *Fundao*, à trois lieues de *Covilhao*, est renommé par la beauté de son site. Il y fait bien plus chaud qu'à Covilhao : le bled était plus près de sa maturitéque dans cet endroit, et des vignobles considérables entourent le bourg. Il est adossé à une colline ornée de vergers et de vignobles, dont le sommet est couronné par une sombre forêt de châtaigniers, traversée de promenades agréables. A l'opposé de la colline, on remarque un beau vallon arrosé par un ruisseau ; dans le fond *la Serra de Alpedrinha* présente sa cime pelée, d'où l'on jouit d'une vue très-étendue. L'Estrella se montre du côté le plus avantageux ; on voit distinctement son sommet le plus élevée, *le Malhao da Serra*, et d'autres parties de la montagne, entre les *Cantaros*, ainsi que le rocher qui sépare l'*Argenteira* de l'*Albergaria*. Ensuite, la vue se promène sur la vaste plaine, à l'est de l'Estrella, qui s'étend jusqu'à Almeida, et les frontières d'Espagne au pied de *la Sierra de Gata*. On remarque que l'Estrella n'a aucune communication avec *la Sierra de Gata*, quoiqu'on prétende qu'elle en forme une branche. Au pied de la montagne, vers le nord-est, se trouve le bourg *Alpedrinha*. De l'autre côté, au sud et au sud-est, on distingue les plaines vers *Idunha*, *Castel Franco* et le Tage ; ce n'est qu'au sud-ouest que la perspective est bornée par une partie de l'Estrella. Cette vue magnifique, la charmante vallée, la belle forêt de châtaigniers, et la plaine fertile, rendent le séjour de *Fundao* un des plus agréables du royaume.

On suit pendant quelque temps les environs fertiles et bien peuplés de *Fundao*; ensuite on découvre des montagnes arides, vers *Sobral*, petit bourg situé dans une gorge à cinq lieues de *Fundao*; nous essuyâmes ici un orage dans la nuit du 10 juin. Le climat, près des hautes montagnes, ressemble à celui des contrées septentrionales, parce que les orages y sont plus fréquens en été qu'aux environs de Lisbonne.

A peu de distance de *Sobral*, vers *Arganil*, on monte sur *la Serra de Cerveira*, chaîne de montagnes assez haute, mais aride et désagréable; les deux tiers de la route la traversent, et ensuite on descend dans la belle et fertile plaine d'*Arganil*, qui est ornée de forêts de pins maritimes et de châtaigniers. L'évêque de Coimbre est comte d'*Arganil*, titre qui réunit des possessions considérables. Dans nos précédens voyages on nous apprit qu'il y avait des mines d'argent autour d'*Arganil*; mais tout ce que nous pûmes apprendre à ce sujet, c'est qu'on les avait découvertes à une lieue d'*Arganil*, dans le district de *Goes*. Arganil est à six lieues de *Sobral*.

La contrée, jusqu'à *Louzaa*, est également bien cultivée et ornée de pins maritimes, de châtaigniers et de quelques chênes. Le petit bourg de *Louzaa*, à quatre lieues d'Arganil, est situé au pied de la *Serra de Louzaa*, haute chaîne de montagnes calcaires qui forme l'extrémité de celle qui s'étend depuis Lisbonne jusque vers Coimbre. On recueille, en hiver, de la neige dans ces montagnes pour la conduire à Lisbonne, lorsque le magasin de *Montejunto* a été épuisé en été. La *Caza de Neve*, ou magasin à neige, est à une lieue du bourg de Louzaa. Pour y parvenir, on est obligé de gravir des montagnes arides, couvertes de bruyères. Ce lieu est aussi élevé au-dessus de Louzaa, que Sabugeiro dans l'Estrella l'est au-dessus de Cea. Le magasin à neige est situé près d'une chapelle nommée *Sant-Antonio da Neve*, qui a sans doute été construite par le fermier, d'une partie de ses bénéfices.

C'était la fête du saint; on y disait la messe, à laquelle assistait le peuple des environs. Le gouvernement portugais a tâché de réduire tout en monopole; il n'est donc pas étonnant que le commerce de la neige soit affermé à Lisbonne, et que la neige et la glace soient vendues très-cher dans ces circonstances. La méthode de ramasser la neige est différente de celle observée à *Montejunto*: là, on s'attache plutôt à la glace; ici, à la neige: là, on a des puits profonds; ici, des magasins souterrains, où la neige, amasssée par les habitans voisins, est entassée: il y a plusieurs de ces magasins. Ils ne sont pas situés sur le sommet le plus élevé de la *Serra de Louzaa*, mais sur le revers septentrional de la montagne. Pour transporter la neige, on la jette dans des paniers et on la sort du magasin; ensuite on la foule dans des moules allongés qui consistent en deux pièces, de façon à pouvoir les diviser. Après que la neige a été foulée, on la sort du moule et on l'emballe dans de la paille et de la toile; ensuite elle est chargée sur les voitures. On ne marche que la nuit; et, quoique l'eau découle continuellement de ces voitures, une grande quantité de neige est rendue à sa destination sans être fondue. Les mauvais conduits de calorique dont la neige est entourée, empêchent l'effet de la chaleur extérieure; peut-être que l'évaporation de la paille imbibée d'eau occasionne un certain degré de froid. Journellement il part d'ici des cargaisons de neige qui prennent la route d'*Espinhal* et de *Vallada*, et descendent ensuite le Tage jusqu'à Lisbonne. On transporte aussi de la neige à Coimbre.

Du haut des montagnes, la plaine de *Louzaa*, qui a une lieue d'étendue, présente un coup-d'œil agréable, parce qu'elle est partagée en champs réguliers entourés d'arbres. Ces montagnes sont fort peu intéressantes pour la botanique. Il n'y a point d'auberge à *Louzaa*: un paysan eut la complaisance de nous offrir sa maison.

De *Louzaa* à Coimbre il y a quatre lieues. On prend la route de la plaine où est situé le village; ensuite on parvient, en passant sur des montagnes, à *Nossa Senhora da Serra*, d'où l'on aperçoit la belle campagne autour de Coimbre. Avant d'y arriver, il faut passer le *Rio de Eça* et le Mondego dans un bac.

5°. *Les environs de l'embouchure du Mondego.*

Le Mondego se partage au-dessous de Coimbre, et jusqu'à son embouchure, en plusieurs bras, et inonde en hiver une grande étendue de pays qui est rendu par-là très-fertile, mais mal-sain à cause des eaux croupissantes. Nous n'avions trouvé encore que peu de plantes des marais dans le royaume; *Brotero* en cite plusieurs qui croissent dans ces contrées : il nous conseilla de suivre la rive méridionale du fleuve, et de passer par *Pereira.* On traverse d'abord le beau pont du Mondego, et on arrive par un pays tantôt plat et tantôt raboteux, mais bien cultivé, au bourg de *Peireira*, à deux lieues de Coimbre, où il y a une bonne auberge. Ce bourg est situé dans une grande plaine, large de plusieurs lieues et bornée par des collines; elle est inondée en hiver lorsque la rivière sort de son lit, et fournit d'abondantes récoltes de maïs, de fruits et de melons.

De *Pereira* à *Montemor o Velho*, on compte deux lieues, mais il y a à peine une lieue et demie. Au-delà de Pereira on passe le bras principal du Mondego dans un bac ; on traverse ensuite des champs jusqu'à ce que la route s'approche des collines sur la droite. Sur une de ces collines, et au nord de la rivière, est située l'ancienne et grande ville de *Montemor o Velho*, entourée de murs élevés et ornés de tours et d'un antique château. D. *Alfonso IV* y logea, lorsqu'il se rendit à Coimbre pour faire assàssiner Inez de Castro. Cette ville lui avait été donnée par son père D. Diniz, après que les différends avec lui furent terminés ; elle tomba en partage à son fils D. Pèdre, qui l'habita pendant quelque temps. Ensuite elle échut à la riche et puissante maison *de Aveiro*, et fut réunie à la couronne après l'extinction de cette famille.

Au-delà de Montemor, le Mondego se dirige au sud-est, et forme un arc vers *Fi-*

gueira, et la route suit la corde de cet arc. La contrée est parsemée de collines et bien cultivée. On ne trouve des plantes des marais qu'à une lieue de Montemor, au bord de la rivière, près le village *Mayorga. Figueira* est une ville à trois lieues de Montemor, située au nord et à l'embouchure du Mondego, qui a ici une lieue de large, et se partage en deux bras. Vis-à-vis Figueira est l'île *Murraceira*. L'entrée du port est défendue par le fort de *Santa-Catharina*; elle est très-étroite; la barre considérable est difficile à franchir; les vaisseaux mouillent en sûreté derrière une langue de terre qui part de la rive opposée. Des maisons neuves et bien bâties, à Figueira, prouvent que le commerce de cette ville est florissant. On exporte d'ici du sel, du vin et des fruits des environs de Coimbre. Le vin est transporté dans les colonies, depuis que la reine actuelle a déclaré le commerce libre; le sel et les fruits vont en Angleterre. Le port s'encombre journellement; c'est pourquoi les habitans ont résolu de construire un quai.

Le *Cabo de Buarcos* forme la pointe

septentrionale de l'embouchure du Mondego; il est remarquable par une mine de charbon de terre. Pour la visiter, nous eûmes besoin non seulement d'une permission du gouverneur de Figueira, qui ne commande cependant qu'une compagnie d'invalides, mais de celle du *Juiz de fora* et du *Juiz de Alfandega* (directeur des douanes). La route cotoie la rivière jusqu'au village de *Buarcos*, à trois quarts de lieue de Figueira; de-là il n'y a qu'une demi-lieue jusqu'à la houillère. Elle est située au bord de la mer, et adossée à quelques montagnes qui s'étendent le long du rivage. Elles sont formées par une pierre calcaire compacte et grisâtre, entremêlée de coquillages pétrifiés, dans lesquels on a découvert trois couches de charbon de terre, de 4 à 6 pieds d'épaisseur chacune. Elles se dirigent de l'ouest à l'est, et ont une inclinaison de 40 degrés. On a établi dans ces couches trois galeries qui en suivent la pente. Un escalier commode est taillé au milieu; aux deux côtés se trouvent des sillons, pour le transport du charbon et pour puiser l'eau. L'entrée est voûtée; dans l'intérieur, les murs sont de pierres et de chaux et soutenus par un échafaudage. Les baquets destinés à recevoir le charbon, sont mis en mouvement par des bœufs, dont il y a six paires pour cet usage. Les courans d'air sont bien établis; les galeries ne sont pas fort éloignées et sont réunies par des allées latérales. On est parvenu aujourd'hui à une profondeur de soixante-quinze brasses, dont soixante-cinq au-dessous du niveau de la mer. Les charbons de la couche inférieure sont les meilleurs; en général, la qualité du charbon varie peu. Dans la profondeur, on a trouvé des empreintes de végétaux, sur-tout de fougère, et, depuis peu, de l'ambre fossile. L'établissement est dans un si mauvais état, qu'on ne peut pas se rendre maître de l'eau, et en effet deux puits sont déjà submergés. On a tâché de les vuider, et en conséquence on a proposé l'établissement d'une pompe à feu. Dans la troisième galerie, des maçons travaillent aux réparations indispensables, de façon qu'on n'exploite plus de charbon; le directeur espérait cependant en extraire de nouveau sous un mois. Cette mine ne rapporte rien aujourd'hui, et a beaucoup de peine à se soutenir. Les charbons sont transportés par terre jusqu'à Figueira, et de-là par mer jusqu'à Lisbonne, mais uniquement pour le compte du gouvernement. On prétend qu'ils contiennent trop de soufre pour en faire un usage domestique; mais la petite quantité qu'on en exploite, est sans doute le principal obstacle de son usage général. On tire des pierres calcaires de la chaux, qu'on exporte également.

L'île *Murraceira*, près Figueira, a une lieue de long, mais à peine une demi-lieue de large; elle est presqu'entièrement divisée par des marais salans (*marinhas*), qui fournissent beaucoup de sel; un grand nombre de petites maisons servent à le conserver. Une multitude dc fossés creusés en tout sens, forment un vrai labyrinthe, dans lequel on risque de s'égarer sans conducteur. Sous le rapport botanique, cette île est remarquable par une plante rare en Europe, le *mesembryanthemum nodiflorum*, et qui y croît en abondance. En parlant de Sétuval, *T. I*, *p.* 336, j'ai fait mention de la préparation du sel marin.

La route de Figueira à *Mira* passe d'abord par un pays raboteux, qui se change bientôt en une plaine unie et sablonneuse, dont quelques parties sont inondées. Dans ces marais nous aperçûmes plusieurs plantes remarquables, et surtout une *scorzonère* d'une forme singulière et qui n'a pas encore été décrite. On suit les bords de la mer, et on passe par quelques villages et devant une église qui attire beaucoup de pélerinages. *Mira*, bourg peu considérable, est à cinq lieues d'Aveiro. Non loin d'ici, il y a une baie où se rassemblent, en hiver, une quantité prodigieuse d'oiseaux de mer : on ne l'a pas désignée sur les cartes. Il y a deux lieues jusqu'au bourg de *Vagos*, par des plaines de sable ; ensuite on s'embarque sur un lac d'une étendue considérable, et qui communique avec celui d'Ovar ; de sorte que l'on peut aller par eau d'ici à Ovar : ce lac n'est point marqué sur les cartes. Depuis Vagos à Aveiro, à trois lieues, on passe par un pays couvert de collines, où il y a tant de sentiers différens, qu'il est difficile de tenir la bonne route. Nous continuâmes notre route depuis Aveiro, non par eau comme précédemment, mais par terre. Jusqu'à l'endroit où l'on passe le *Vouga*, il n'y a qu'une lieue. Une pluie d'orage avait tellement grossi la rivière, qu'il nous fut difficile de la passer. Le reste de la route traversait un pays raboteux. Le bord de la mer est assez bien cultivé, sur-tout avec du maïs; il y a aussi des forêts de pins maritimes.

6°. *Quatrième voyage à l'Estrella.*

A son retour des provinces septentrionales, du fleuve Minho par la province de Traz os Montès, dans l'été 1800, dont nous avons déjà parlé, le comte de *H*... visita encore une fois l'Estrella, et retourna de-là à Lisbonne par Coimbre. Il termina par là ses excursions botaniques en Portugal. Le 7 août il passa le Douro, près de Torre de Moncorvo, et coucha à *Poucinho*, village qui fait partie du Beira. Toute la province, dans ses parties orientale et septentrionale, jusqu'à l'Estrella, est aride et désagréable. Pendant deux lieues on traverse un pays nu et raboteux, jusqu'à la mauvaise auberge *Marvao ;* ensuite on monte, par une vallée, à un plateau élevé où est situé le bourg *Marialva*, qui donne son nom à un marquisat, dont la famille des *Menezes* porte le titre. Près de Marvao, dans une vallée vers Marialva, la petite rivière *Prisco* prend sa source, et se dirige dans les environs de *Longroiva*. Au bord de cette rivière, un muet du bourg *Touça* trouva en 1740, lorsqu'il alla faucher son pré, un morceau de minérai qu'il apporta à son père. Celui-ci se rendit dans cet endroit avec ses fils, fouilla la terre et découvrit une veine de plomb. La chose s'étant répandue dans le pays, les habitans du voisinage dégagèrent cette veine, et en tirèrent une quantité considérable de minérai. Des négocians d'Espagne, qui passèrent près de l'endroit, en furent informés, et achetèrent l'arrobe de minérai, 3000 reis (environ 24 francs); ils l'emportèrent dans leur pays, et cet événement donna lieu à une branche de commerce assez considérable. Enfin le *Corregedor* de la *Comarça*, en ayant été instruit, défendit les fouilles, et fit fermer les puits qui avaient été creusés. Les choses en restèrent là jusqu'en 1762. Dans cette année, un certain *Juan Manoel* du Traz os Montes prétendit faire partie de la compagnie qui avait été chargée par le roi d'exploiter cette mine. Il fit aussitôt venir des ouvriers, creusa un puits, et en tira 115 arrobes de minérai; il établit des fourneaux, mais administra si mal son établissement, qu'il fit des dettes, et disparut au bout de deux ans. Le minérai, les instrumens, enfin tout ce qu'il laissa fut enlevé par ordre de la justice, et se trouve encore sous le séquestre. Le minérai consistait dans du plomb qui donnait pour un quintal 92 livres de plomb, et 2 onces 2 grains d'argent, et méritait d'être fondu, si on avait eu du bois ou des charbons. On avait remarqué que la couche était très-épaisse. *Juan Botelho de Lucena Almeida Beltrao* fait mention de ce minérai, dans le 1er. volume des Mémoires économiques de l'Académie de Lisbonne.

Près de *Longroiva* , il y deux sources minérales : l'une est chaude et a une forte odeur de soufre ; l'autre contient de l'acide carbonique.

Un pays aride règne jusqu'à *Sant-Martinho*, à cinq lieues de *Marvao*. Ce n'est qu'au de-là de ce bourg que le paysage est varié par des chênes et des châtaigniers. Le bourg de *Celorico*, à trois lieues de *St.-Martinho*, est situé sur une colline au pied de l'Estrella ; jusque-là, on a des plaines parsemées de collines ; à quelque distance de *Celorico*, on passe le Mondego sur un pont de pierre. Les plaines, arrosées par le fleuve, sont agréables et bien cultivées ; le reste de la contrée est varié par des champs, des vignobles, des chênes et des pins maritimes ; mais en général elle est aride et couverte de rochers.

Au de-là de *Celorico*, on vit paraître les promontoires de l'Estrella, que l'on traverse sur la route de Manteigas, à cinq lieues de *Celorico*. On a déjà parlé du bourg de Manteigas, situé sur le revers de l'Estrella.

Nous gravîmes ces montagnes le 13 août

1800, en partant de Manteigas, et nous suivîmes le chemin qui traverse *Carvalheira*, grande forêt de chênes, jusqu'au *Val da Barca*. C'est un vallon à une lieue et demie de Manteigas, vers la partie nord de la montagne : il est plus éloigné du sommet et des grands amas de rochers que l'*Albergaria* dont il a été parlé plus haut, mais on parvient bien plus facilement par ce chemin au revers de la montagne. En avançant vers la *Cantaros*, on arrive à un quatrième lac nommé *Lagoa de Pachao*, à gauche du chemin. Il ressemble aux trois autres, et a la même étendue que le *Lagoa Escura*; mais il est entouré, d'un côté, d'un pré arrosé par un ruisseau. Il est moins élevé que les autres, et se trouve sur la pente orientale de la montagne; c'est pourquoi nous ne l'aperçûmes pas dans notre premier voyage. Il donne naissance au *Rio de Candieira*, ruisseau qui descend de la montagne, et se répand aussitôt dans la vallée de *Candieira*, pour former ensuite la belle cascade dont nous avons parlé plus haut. Le mot *pachao* signifie *passion*, et on prétend que ce fut dans ce lac qu'une sainte, dont j'ignore le nom, fut noyée.

L'herbe était déjà déséchée à cette époque, et les moutons ne trouvaient que peu de pâture. Nous aperçûmes, tant sur les sommets les plus élevés que dans les fentes des rochers et dans les vallons, des amas de neige considérables qui avaient 100 à 200 pas de long sur 10 à 12 pieds d'épaisseur, et qui ne purent fondre cette année, parce que la chaleur ne se fait ressentir dans ces contrées que pendant quelques heures du jour ; les matinées et les soirées sont fraîches, et les nuits très-froides. Cette neige ne se trouve pas sur les plateaux les plus élevés, mais dans les précipices. Les pâtres nous apprirent que la neige séjournait souvent pendant toute l'année dans les vallons, mais qu'il n'est pas rare de la voir fondre entièrement (comme nous nous en sommes convaincus dans nos premiers voyages) ; cependant on ne se rappelait pas d'en avoir vu une quantité aussi considérable, rester aussi long-temps sur les montagnes, que cette année.

Maintenant, je suis en état de rectifier

mes notions sur l'élévation des montagnes du Portugal. Le sommet le plus élevé de la *Serra de Gerez* (que j'ai estimé de trois à quatre mille pieds au-dessus du niveau de la mer, a été évalué à une trop grande hauteur. Il a à peine trois mille pieds d'élévation, comme le prouve son état dans un hiver rigoureux. Ces montagnes paraissent hautes, parce que le pays d'alentour est très-plat, et qu'elles forment des aiguilles qui présentent un aspect sauvage. Le sommet de la *Serra de Marao* est plus élevé au-dessus du niveau de la mer ; mais il l'est moins au-dessus de la plaine qui entoure sa base, comme je l'ai présumé *T. II*, *p*. 38. L'Estrella est plus élevée que je ne l'ai estimé *T. II*, *p*. 88. Le froid qui y règne suppose, sous ces degrés de latitude, une élévation qui ne doit pas être moindre de 7000 à 8000 pieds au-dessus du niveau de la mer. Cette montagne offre un autre aspect que le Gerez ; elle est posée sur un plateau élevé, qui forme lui-même des montagnes vers le rivage de la mer.

Nous vîmes fleurir, sur le bord de la neige,

des fleurs printannières, comme la petite narcisse, qu'on trouve à Sabugeira dès le mois de février, et nous aperçûmes, dans d'autres parties de la montagne, des plantes desséchées; par exemple, une nouvelle espèce de *Cardaminé*. La superbe gentiane jaune, qui était encore enterrée sous la neige au mois de juin, avait déjà cessé de fleurir. Comme les pâtres, les moutons et les chèvres recherchent beaucoup cette plante, les premiers pour en vendre la racine dans les pharmacies, les autres pour brouter ses feuilles, elle ne se conserve que dans les crevasses des rochers inacessibles. Pour en avoir quelques échantillons, on fut obligé de descendre des paysans par le moyen de cordes. Cette plante est une des plus rares du Portugal, sur-tout comme on ne la trouve nulle part ailleurs qu'ici. Les Portugais la nomment *Argenciana*, et même dans les anciennes géographies du Portugal, on en parle en faisant mention de ces montagnes. Une autre plante remarquable, une nouvelle espèce de *Senecio*, nommée par les habitans *hervaloira* (l'herbe blonde), fleurissait dans les précipices, derrière l'amas de rochers *Cimadouro dos Caes*, et vèrs la vallée *Covao das Vacas*.

Au reste, ces montagnes sont déjà assez connues par nos précédens voyages. Le Comte retourna à Manteigas, et de-là par *Sant-Romao*, *Galizes*, *Ponte de Murcella*, par la route ordinaire, à Coimbre, d'où il se rendit à Lisbonne.

7°. *Castello Branco. Coup-d'œil général sur la province de Beira.*

Une petite partie de la province de Beira s'étend derrière l'Estrémadure jusqu'au Tage. Elle fut visitée par le comte de *H.....* dès l'été de 1799, lorsqu'il retourna de son voyage à Portalègre. Cette contrée est formée par un désert affreux, qui est aussi aride, aussi triste et aussi solitaire que les landes de l'Alemtejo, et qui n'a rien d'intéressant pour un étranger. Le Comte passa le fleuve entre *Montalvao* et *Monforte*, à quatre lieues de ce dernier endroit. *Castello Branco* est à trois lieues plus loin. On n'aperçoit que les tristes collines de grez qui règnent le long du fleuve jusqu'à *Rosminhal*, et qui s'étendent au nord de *Castello Branco* ; elles sont arides, monotones et couvertes de cistes. On voit dans l'éloignement la *Serra de Estrella*. Ce n'est qu'autour de *Castello Branco* que des champs cultivés et quelques bouquets de chênes rendent la contrée supportable. Cette ville est le chef-lieu de la *Comarca* qui forme cet angle de la province de Beira ; elle est considérable (elle contient environ 1100 feux), fort ancienne et pourvue d'un château qui appartenait autrefois aux templiers, et aujourd'hui à l'ordre du Christ. Cette ville, ainsi que beaucoup d'autres dans les contrées arides, était plus florissante jadis qu'elle ne l'est à présent. Le bourg *Sarzedas* est éloigné de trois lieues au couchant, et renferme cinq cents feux : on prétend que c'est le *Oppidum Sarzedense* des anciens. Le *Juiz de Fora* nous raconta qu'au mois de mars 1798, on avait trouvé dans un champ une pierre sur laquelle était gravé le nom ancien de ce bourg. On conserve encore cette inscription ; mais lorsque le Comte voulut la voir, elle ne s'y trouvait pas. Il existe à la vérité, dans les archives, un procès-verbal du dépôt qui en a été fait ; mais plusieurs circonstances font présumer que cette inscription est apocryphe. On a cependant trouvé beaucoup d'antiquités en cultivant la terre ; le *Juiz de Fora*, et sur-tout son père, qui est *Capitao mor* à l'armée, s'occupent spécialement de l'étude des antiquités. Les habitans des bords du ruisseau *Liça*, près *Sarzedas*, en tirent une petite quantité d'or ; c'est pourquoi on le nomme *Bandieiros* (de *bandeiar*, remuer). On raconte à cette occasion, que les habitans de Lisbonne ont enlevé, il y a peu de temps, beaucoup d'or et d'argent de cette contrée. Les anciens disent que le Tage roulait de l'or ; il paraît que cela était en effet, parce que le *Liça* tombe dans le Tage. Je n'ai cependant point entendu dire qu'on tire encore de l'or du sable du Tage, et je ne connais d'autre endroit en Portugal où ceci a lieu, que près de *Sarzedas*.

Depuis *Sarzedas*, par *Sovereira*, *Corti-*

çada, (*Proença Nova*), *Certao*, *Sarnache* jusqu'au *Zezeré*, il y a neuf lieues par une contrée triste et déserte ; on n'aperçoit que des collines et des montagnes couvertes de cistes, et quelque peu de culture autour des villages ; enfin, tout étranger doit fuir ce triste pays.

On divise la province de *Beira* en supérieure et inférieure (*Beira Alta et* Baixa). Il est assez étonnant que l'on comprenne dans la dernière les côtes de la mer et la partie septentrionale, et dans la première les environs de *Penamacor* et *Castello Branco*. Il est difficile de donner des observations générales sur cette province, car elle est très-étendue et diversifiée. Vers les bords de la mer elle est plate, sablonneuse et marécageuse ; elle renferme même plus de marais qu'aucune autre province du royaume. C'est ainsi que la lisière qui règne depuis l'embouchure du Mondego jusqu'à celle de Douro, est fertile et bien cultivée là où il n'y a point de sable, mais mal-saine à cause des marais. Une chaîne de montagnes calcaires, la *Serra de Louzaa*, qui fait partie de celle de l'Estremadure, s'étend au sud de la province, règne le long des bords du Mondego, et s'applanit dans les environs de Coimbre. Tout se réunit près de cette ville remarquable; un pays plat s'étend à l'ouest du fleuve, et les montagnes calcaires sont remplacées par des montagnes d'ardoise. Partout où il y des montagnes calcaires, le sol est assez fertile et la végétation riche; ce qui n'a pas lieu autour des montagnes de grez. Vers la frontière orientale de la province, s'élève une chaîne de montagnes de granit, la *Serra de Estrella*, d'où descendent des ruisseaux et des rivières qui fertilisent la contrée. Mais autour de ces hautes montagnes, s'étendent les sommets pelés de pierre sablonneuse et de schiste micacé, qui remplissent la partie de la province, à l'est de l'Estrella, jusqu'aux frontières d'Espagne, et au nord et au midi jusqu'au Douro et au Tage. Ces montagnes s'étendent non-seulement sur une vaste étendue de pays, mais accompagnent le Douro jusqu'à son embouchure; d'autres se dirigent à l'ouest de l'Estrella, depuis le Douro jusqu'au Mondego, et dans les environs de Coimbre. En général, la majeure partie de la province est montagneuse, aride et stérile.

Les montagnes d'ardoises et de pierre sablonneuse contiennent souvent du minérai. J'ai déjà dit qu'on en rencontre près de Lamego. Il a été également fait mention plus haut d'une riche mine près de *Rio Pisco*. Ajoutez à cela l'or qui se trouve près de *Sarzedas*, et on peut présumer avec raison qu'il y a beaucoup de mines dans ce pays.

La culture du maïs s'est répandue à un tel point dans les plaines, qu'elle a éloigné celle de toute autre espèce de bled. Aux environs de Coimbre et d'Aveiro, on cultive beaucoup de légumes ; on recueille du vin autour de Coimbre, et principalement à Lamego, qui est située près des vignobles du Douro supérieur. Les revers de l'Estrella sont renommés par les fruits qu'on y récolte, et les montagnes par leurs excellens pâturages. On cultive du seigle dans les contrées élevées et froides des chaînes de montagnes, au bord du Douro et autour de l'Estrella ; mais une grande partie de la province, surtout celle qui est à l'est et au nord, est mal cultivée et bien inférieure, sous ce rapport, au Minho et peut-être au Traz os Montès.

CHAPITRE IV.

LA PROVINCE D'ESTREMADURE.

1.° *LISBONNE.*

UN proverbe portugais dit que celui qui n'a pas vu Lisbonne, n'a rien vu de beau, et en effet cela est vrai. Il n'y a que Gênes et Naples qui puissent rivaliser avec Lisbonne; aucune autre ville ne se présente mieux de loin, aucune ne réunit les agrémens d'un beau fleuve couvert de vaisseaux, et d'une situation en amphithéâtre, sur des coteaux fertiles et bien cultivés. Il manque à Gênes et à Naples un grand fleuve, et des rivages qui soutiennent l'ensemble du tableau; on ne voit là que l'éternelle monotonie d'une mer immense.

J'ai donné une description de la ville de

Lisbonne, *T. I*, *p*. 213. J'ajouterai quelques additions ,et rectifierai plusieurs erreurs que l'on m'a fait remarquer à Lisbonne, en lisant mon voyage. Les notions qui m'ont été transmises proviennent d'hommes qui connaissent le Portugal, et sur-tout Lisbonne, depuis long-temps et très-particulièrement.

Lisbonne se nomme en portugais *Lisboa*. Ceux qui se piquent de bien parler prononcent l'*s* si fort, qu'il approche un peu de *sch*, et l'*a* à la fin du mot, si doucement, qu'on n'entend qu'un *e*. Le nom de Lisbonne paraît dériver de l'ancien *Olisipo*, au lieu qu'on doit attribuer l'étymologie de *Lisboa* à la corruption du nom arabe *Ischbuna*. La prononciation des Portugais répond parfaitement à cette dénomination, en éloignant l'*n* entre deux voyelles, ce qui ne s'accorde pas dans la langue portugaise. Les contes sur l'origine de cette ville, sont très-ridicules : tantôt on prétend qu'elle fut bâtie peu de temps après le déluge par un nommé *Eliza*, et tantôt on raconte qu'elle fut rétablie par *Ulysse*, etc. Pendant fort long-temps les écrivains portugais ont osé accréditer ces absurdités. La dernière version a donné lieu à un poëme héroïque, par *de Souza Macedo*, nommé *Olyssipo*, où l'on rencontre de beaux passages à côté d'une infinité d'asbsurdités. Il est hors de doute que, du temps des Romains, il existait ici une ville considérable, car on a trouvé des inscriptions romaines dans la ville, en 1798. Plusieurs inscriptions, dont une a été consignée dans les délices d'Espagne et de Portugal, par *Colmenar*, *T. III*, *p.* 264, nous apprennent que cet endroit se nommait *Olisipo* et non *Olyssipo*. *Mannert*, dans sa géographie des Grecs et des Romains, prétend à la vérité, selon les assertions des anciens, qu'*Olisipo* était situé sur la rive méridionale du fleuve, mais aucun de ces auteurs ne l'affirme. Les circonstances, qu'on n'a trouvé qu'au nord de la rivière, des inscriptions, que le *Cabo de Rocca* est nommé *Promontorium Olisiponum* par les anciens; enfin, que la rive septentrionale du fleuve est formée par des coteaux fertiles, tandis que la rive méridionale consiste en collines sablonneuses, paraissent déposer en faveur de sa situation au nord du fleuve.

Dans le premier volume des Mémoires de l'académie des sciences de Lisbonne, on trouve une dissertation sur la position géographique de cette ville, par *Custodio Gomes de Villasboas*. Il conclut de différentes observations qu'il a faites, que la latitude du collège des nobles (*collegio dos nobres*), est de 38 degrés 42 minutes 58 secondes 5 dixièmes; celle du couvent *das Necessidades* est déterminée d'après les calculs de *Le Monnier*, qui se fondent probablement sur les observations du père *Chevalier*, à 38 degrés 42 minutes 20 secondes; ce qui coincide avec son éloignement du collège des nobles. En supposant que le couvent *das Necessidades* se trouve sous la même parallèle que la place du commerce, ce qui est en effet, on peut déterminer la situation de cette place comme point central de Lisbonne, à 38 degrés 42 minutes 20 secondes, latitude nord. *Villas Boas* détermine, par les mêmes observations, la longitude de cette ville; il les a faites dans le *collegium de Sant-Antao*; il suppose que ce collège est sous le même méridien que la place du commerce, et en conclut que la longitude de cette ville est de 11 degrés 29 minutes 15 secondes, à l'ouest du méridien de Paris; ou 9 degrés 45 secondes, à l'est du premier méridien. Voilà ce qui peut servir à rectifier les notions contenues dans le premier volume de ces voyages.

Je ne puis rien dire de positif sur la population du Portugal en général, et de Lisbonne en particulier, parce qu'on n'a pas fait un dénombrement exact. On ne connaît que le nombre des feux, mais il est très-difficile de préciser celui des habitans pour chaque maison. Le nombre de trois cent mille ames qu'on compte à Lisbonne et à Belem, est trop fort. On ne peut pas s'en rapporter aux certificats de communion, parce que les enfans au-dessous de sept ans et les étrangers en sont exclus, quoique ce soit la manière ordinaire des géographes portugais de calculer la population.

Lisbonne est une ville ouverte, dépourvue de portes et de murs. Il est surprenant que, dans la dernière édition de la géographie de *Busching*, on trouve une description des tours et des murs ; probablement parce que *de Lima*, que *Busching* a souvent traduit littéralement, en fait mention. Mais, il ajoute que Lisbonne s'est étendue au-delà des murs qui ne servaient aujourd'hui que de démarcation pour les deux diocèses. Cependant, depuis le dernier tremblement de terre, ceci n'a plus lieu, et on ne voit que dans quelques endroits des vestiges de ces murs. Le roi *D. Fernando* fit entourer la ville de bonnes murailles, pourvues de 67 tours et de 36 portes, 16 du côté de terre et 20 du côté de la rivière. Il n'existe plus rien de la muraille du côté du fleuve.

La frontière orientale de Lisbonne est formée par la *Cruz da Pedra*; l'occidentale, par le port de Belem, et non par le pont d'Alcantara, car les deux faubourgs *Junqueira* et *Alcantara* sont présentement réunis à la ville ; ils portent encore un nom particulier dans la vie commune. Tous ceux qui connaissent cette ville conviennent que la division des auteurs portugais en sept collines est très-inexacte ; on pourrait la partager plus naturellement en trois collines. Les deux premières n'en forment, à vrai dire, qu'une seule ; car, depuis le couvent *das Necessidades* jusqu'à la *Patriarcal Queimada*, c'est la même élévation qui est partagée en deux branches, par la *rua de San-Bento*. Il faut y ajouter une autre colline, le *Campo de Santa-Anna*, qui s'applanit près d'*Anjos*, et remonte par le *Calçada de Saint-André*, jusqu'au château. Cette division, qui est conforme à la situation naturelle de la ville, mérite d'être appréciée.

J'ai cru que la dernière colline à l'ouest, était la plus élevée ; mais celle où est bâti le château, est plus haute, quoique la flèche du *nouveau couvent*, sur la colline occidentale, soit plus élevée que le château. Tout le côté sud-ouest de cette colline, et non une seule rue, porte le nom espagnol de *Buenos-Ayres*, à cause de la salubrité de l'air ; on devrait plutôt lui donner le nom portugais de *Bonos-Ayres*. Cette partie est couverte de maisons ou partagée en rues par des enclôs ; c'est pourquoi on n'y rencontre plus de champs ou de grands emplacemens. Les étrangers ou ceux qui vivent de leurs revenus, préfèrent ce quartier ; les négocians au contraire recherchent le centre de la ville, pour être plus près de la bourse.

Sur cette colline occidentale, à peu de distance du *nouveau couvent*, se trouve le cimetière des protestans, où est enterré Fielding. J'ai dit, *T. I, p.* 219 : « Non loin de » ce couvent et de l'autre côté d'une place, » on trouve le cimetière des protestans avec » différens monumens, parmi lesquels on re- » marque le tombeau de Fielding, mort en » cette ville ». Cette phrase est obscure ; car on pourrait croire qu'on y rencontre le monument de Fielding ; mais parmi le grand nombre, le tombeau de cet auteur célèbre se trouve sans inscription. Fielding fit le voyage de Lisbonne pour rétablir sa santé ; c'est la coutume de la plupart des Anglais ; il publia la relation de son voyage dans un petit recueil où on ne rencontre que rarement l'esprit de l'auteur de Tom-Jones. Il mou-rut à Lisbonne, et fut enterré ici. On s disputa à qui lui érigerait un monument ce qui est cause qu'il n'en a point encore présent.

La seconde division de la colline occi-dentale commence par la *rua de S.-Bento* et s'étend jusqu'à la vallée large et unie d centre de la ville. A l'extrémité orientale où la colline est escarpée, on jouit de l vue magnifique dont j'ai parlé *T. I, p. 221* On voit à ses pieds la place de *Rocio*, l promenade et de belles rues alignées; en face le château situé sur une colline élevée; gauche, la campagne couverte d'oliviers e ornée de maisons de campagne, de couven et d'églises; à droite, le Tage, où mouillent u grand nombre de vaisseaux. Vers la parti orientale, sur le penchant de la colline, es construite la salle de l'opéra, et des maison qui appartiennent à un riche négociant por-tugais, nommé *Quintella*. Il est très-douteu qu'on puisse l'appeler le plus riche, comme j l'ai fait; aussi n'est-il point fermier du com-merce des diamans, car ce commerce n'es point affermé. Il n'est que commissionnaire de la couronne pour l'expédition de certaines parties, depuis que les Hollandais ont résilié leur contrat avec la couronne, en 1791. Les diamans sont cherchés au Brésil, aux frais du gouvernement, amenés en Europe comme sa propriété, et déposés dans le trésor royal. Lorsque la couronne en veut expédier une certaine quantité, elle en charge *Quintella*, depuis que le contrat avec les Hollandais n'existe plus. Au reste on ne fait aucune difficulté de vendre des diamans à celui qui fait des offres avantageuses; mais lorsque ceux-ci ont une certaine grosseur, on ne les vend pas. Ceux que l'on apporte depuis quelques années du Brésil, sont plus petits qu'à l'ordinaire.

Au pied de cette colline s'étend une large vallée qui renferme toute la nouvelle ville, les grandes places, les principaux édifices publics et les promenades. Le tremblement de terre de l'année 1755 détruisit totalement cette vallée; l'effet en fut si singulier, que les rues, sur le penchant de la colline occidentale, restèrent intactes; on remarquait parmi celles-ci la *rua Suja* (littéralement *rue de boue*), ou la rue des filles publiques. L'anecdote que j'ai rapportée, *T. I, p.* 222, doit être rétablie de la manière suivante : Le roi parla à la cour d'une maison située près l'église de *Santa-Madalena*, qui appartenait au marquis de Pombal, et qui était restée intacte, comme une preuve que son ministre était un homme protégé par la divinité. Un des premiers gentilhommes, le comte d'*Obidos*, observa que la *rua Suja* était également restée intacte ; il paya son imprudence par une prison de plusieurs années. Ce fut ainsi que gouvernait Pombal.

Cette belle partie de la ville commence au bord de la rivière, par une grande place qu'on nommait autrefois, lorsque le château s'y trouvait encore, *Terreiro du Paço*, et aujourd'hui *Praça do Commercio*, place du Commerce. *Terreiro* est le synonime du mot *terrasse*, mais il désigne aussi chaque emplacement dépourvu de maisons, et enfin un marché ; *paço*, au lieu de *palaço*, signifie *palais*. Les quais et les escaliers au bas desquels abordent les chaloupes, sont magnifiques, et je ne connais aucun endroit qui renferme un aussi beau mouillage pour les vaisseaux. Au milieu de cette place et presque au centre de Lisbonne (suivant la latitude), se trouve la statue équestre du roi *Joseph*; et c'est avec raison que *Villasboas* réunit sur cette statue ses observations de latitude et de longitude de Lisbonne. Le piédestal était orné du portrait en relief du marquis de Pombal; mais avant le couronnement de la reine actuelle, on l'a enlevé et remplacé par les armes de la ville de Lisbonne, figurées par une barque avec trois voiles et deux corbeaux. La statue n'a d'autre mérite que celui d'avoir été coulée par deux Portugais, *de Castro* et *da Costa*, qui n'avaient reçu aucune instruction préliminaire sur cet art.

Deux rues nouvellement percées et une rue de traverse conduisent à cette place; la troisième rue principale n'y parvient pas directement. La *rua Augusta*, qui est celle du milieu, n'est pas habitée par les orfèvres et les bijoutiers, comme je l'ai rapporté, *T. I*, *p.* 224, mais par des marchands de draps et de soieries. Quelques ateliers de chaudronniers, de ferblantiers, etc., qui incommodent beaucoup leurs voisins par le bruit qu'ils font, s'y sont glissés par abus. Les deux autres rues principales vont parallèlement, dans toute leur longueur, à l'est et à l'ouest de la première. Dans celle qui est au couchant, se trouvent les bijoutiers, dans l'autre les orfèvres ; c'est pourquoi la première est appelée *rua dos Ourives de Ouro*, ou vulgairement *rua Aurea* ; et l'autre *rua dos Ourives de Prata*, ou plutôt *rua de Prata*. C'est dans cette partie de la ville que se trouve la limite de l'ancienne division de Lisbonne en orientale et occidentale, dont j'ai parlé, *T. I.* Au coin de la *rua de Prata*, était écrit en grandes lettres, *Lisboa oriental* ; mais au reste la différence a cessé totalement depuis que l'évêché de Lisbonne a été réuni au patriarchat. Les trois rues principales aboutissent à la place de *Rocio*, où se trouvent les bâtimens de l'inquisition ; plusieurs petites ruelles conduisent de cette place à une autre moins vaste, qui renferme le jardin servant de promenade.

Près de cette place et dans une rue étroite, se trouve la grande salle de spectacle portugaise, dont l'entrée principale donne dans une des plus longues rues de Lisbonne, qui la traverse dans toute son étendue; selon les divers quartiers, elle porte des noms différens, et là elle s'appelle *rua dos Condes*. Plus loin, vers le nord, dans une rue qui est la continuation de celle qui avoisine la promenade, et là où elle commence à porter le nom de *o Salitre*, est située une salle de spectacle plus petite, et immédiatement après la place qui sert aux combats des taureaux.

Avant d'arriver à la place du Commerce, et à l'occident, au bord de la rivière, on voit le *Caes* ou quai de *Soudré*, où l'on embarque beaucoup de marchandises; c'est pourquoi les négocians et les navigateurs qui veulent veiller à cet embarcation, le visitent très-souvent dans l'après-midi. On pourrait le nommer la bourse où ils se réunissent dans l'après-dinée. Un canal le sépare d'un autre quai appelé *Ribeira Nova*, qui sert de marché au poisson. C'est par erreur

11...

qu'on a donné ce nom, *T. I*, *p.* 225, au premier de ces quais.

Maintenant retournons au *Rocio*, par la place du Commerce et les trois rues principales. A l'est de cette place se trouve la *Praça da Figueira* ou le grand marché; il n'en est séparé que par une rangée de maisons. Ce marché est très-vaste, entouré de maisons bien construites et de boutiques régulières. On pourrait le comparer à la *Plaça Mayor*, à Madrid, quoique cette dernière soit plus belle. Au reste aucune place à Madrid ne peut rivaliser avec la place du Commerce de Lisbonne, quoique la *calle de Alcala*, le *Prado* et les jardins de *Buen Retiro* surpassent tout ce qu'on peut voir en ce genre à Lisbonne.

La seconde colline de Lisbonne, dont je n'ai point parlé dans ma première description, parce qu'elle me paraissait trop petite et trop basse, et que je la regardais comme une continuation de la suivante, commence derrière la *rua dos Condes*, et s'élève jusqu'au *Campo de Santa-Anna*, qui est une place vaste, mais irrégulière, ornée de palais de trois côtés, qu'on est maintenant occupé à embellir. La fontaine dont elle sera ornée n'est point encore terminée. Cette colline descend près du couvent des Bernardins, nommé *Dasterco*, où est actuellement l'hôpital de Sainte-Marie, jusqu'à la longue rue *dos Anjos*. Derrière la *rua Augusta*, près de la rivière, s'élève avec le *Calcada de Saint-André*, la plus haute colline de Lisbonne, par une vallée tortueuse qui s'étend depuis le *Rocio* jusqu'à la *rua dos Anjos*; elle est visiblement détachée de la colline précédente. Son sommet est couronné par le château nommé *Castello de Saint-George*, et vulgairement *Castello dos Moiros* ou plutôt *o Castello*, qui domine Lisbonne.

La partie orientale de la ville est formée par des rues étroites, tortueuses et mal pavées, parce que c'est la plus ancienne, et qu'elle a le moins souffert par le tremblement de terre et par l'incendie qui s'en est suivi. D'anciennes maisons, qui menaçaient ruines, ont cependant été remplacées par de nouvelles; et dans les rues, au bas de la colline, se trouvent plusieurs beaux palais. Une de ces rues, nommée *rua dos Cavalleiros*, a été élargie d'un côté. Un étranger s'aperçoit bientôt, en entrant derrière le *Rocio*, dans cette partie de la ville, qu'elle est bien plus ancienne que les autres quartiers de Lisbonne.

Le bourg de *Belem* est situé à l'occident et réuni à la ville; un pont sur un ruisseau le sépare, mais la rangée des maisons continue sans interruption.. C'est dans cet endroit que le célèbre infant *D. Henri le navigateur*, cet homme précieux auquel les Portugais sont redevables de leur grandeur dans ces temps, possédait une petite maison de campagne. Lorsque *Vasco de Gama* fut de retour de son voyage aux Indes, le roi *D. Manoel* y fit bâtir une église nommée de *N. Senhora de Bethleem*, et un couvent de Hiéronymites. Les Portugais ont transformé, par une abréviation, *Bethleem* en *Belem*. Les maisons, dans cet endroit, se sont tellement multipliées, sur-tout dans les temps modernes, que Belem forme aujourd'hui un bourg considérable, habité par un grand nombre de gentilshommes et d'employés, parce qu'ici, comme dans tous les quartiers éloignés du centre de la ville, les loyers sont moins chers, et qu'on s'y procure facilement des écuries et des remises. Ainsi, ce couvent et l'église furent construits en commémoration des événemens les plus remarquables de l'histoire du Portugal, et ce temple gothique est un monument digne de la grandeur du sujet.

La ville s'étend le long des rives du Tage, et celui-ci ne baigne pas seulement les maisons, mais les magasins, les forts, les quais et d'autres édifices publics. Les maisons se trouvent cependant par-tout à une petite distance du rivage. Lorsque nous fûmes à Lisbonne, la quantité de vaisseaux dont le fleuve paraissait couvert, et parmi ceux-ci souvent des flottes anglaises, présentaient un coup-d'œil magnifique.

2°. *Environs de Lisbonne. Climat de cette ville.*

La campagne, autour de Lisbonne, est agréablement variée par une multitude de jardins. J'ai dit, *T. I*, *p*. 232, que la langue portugaise a une foule de mots pour désiguer les différens jardins. J'ai dit plus haut ce que c'est qu'une *quinta*; mais j'avoue que j'ignore totalement l'étymologie de ce mot, quoique je l'aie cherchée. *Quinta* est, à proprement parler, le jardin potager derrière la maison; *jardin* signifie jardin de plaisance, et *horta* jardin potager sans enclos. C'est par erreur que j'ai dit qu'il n'y avait pas de jardins potagers au nord de la rivière; il y en a au contraire beaucoup; au midi, on voit plus de vignes ou plutôt des vignobles. Au nord, on trouve aussi plus de *quintas* qu'au sud. Il n'y a, à proprement parler, point de *quintas* dans l'intérieur de la ville; ce qui le paraît être et ce que les étrangers nomment ainsi, sont les grands jardins des couvens, entourés de hautes murailles et appelés *cercas*. Ainsi lisez, *T. I*, *p*. 262, *çercas* au lieu de *quintas*.

Les environs de Lisbonne sont très-fertiles. La plus grande partie au nord est formée par des collines calcaires; des montagnes calcaires, lorsqu'elles ne sont ni trop hautes ni trop rocailleuses, surpassent en fertilité les montagnes sablonneuses. Les collines de basalte sont ornées d'une riche végétation. J'ai fait mention, *T. I, p.* 234, de la colline d'Alcantara, où nous trouvâmes quinze espèces de trèfle commun, des prés, et sept espèces de *trèfle en cosse* (*medicago*), ainsi qu'un grand nombre de plantes rares et magnifiques. Cette colline, dont on peut faire le tour dans quelques minutes, devrait être nommée le *jardin de Dieu* (*hortus Dei*), comme on a coutume d'appeler un endroit près de Montpellier, qui est connu, depuis plus de 200 ans, de tous les botanistes. La fertilité des collines, autour de Lisbonne, provient sans doute de la quantité de sources et de ruisseaux dont elles sont arrosées; ces eaux sont fournies en partie par les montagnes de Cincha et par la *Cabeça de Montachique*. Sans elles la disette d'eau serait fort grande sous ce climat brûlant, parce que l'eau salée du fleuve ne peut servir à l'arrosement des végétaux.

Lorsque j'arrivai à Lisbonne, j'étais curieux

d'observer le sol d'une ville qui éprouva des secousses aussi violentes que si elle eût été située dans le voisinage de volcans considérables. Différentes relations, ainsi que l'assertion verbale du célèbre *Dolomieu*, nous apprirent que le basalte est très-fréquent aux environs de Lisbonne; et, quoique je ne croye pas à l'origine volcanique de cette pierre, j'étais cependant assez raisonnable pour faire coincider les tremblemens de terre avec le basalte et les volcans. Mais je ne trouvai qu'une étroite lisière basaltique qui, commençant à une demi-lieue derrière Belem, se perd en partie vers Quelus, continue sans interruption derrière Belem et la vallée d'Alcantara, vers les hautes arcades de l'aqueduc, tourne de-là vers *Bemfica* et *Bellas*, et revient ainsi vers la première branche. Le basalte ne paraît communément former que des sommets élevés; ici il se présente sous la forme de collines dominées de toutes parts par des montagnes calcaires plus élevées. Il me parut donc que la pierre calcaire recouvrait le basalte (chose fort rare), et je fus confirmé dans mon opinion, en examinant un endroit au bord du fleuve;

mais il est possible que cette pierre calcaire soit tombée des collines plus élevées, et que le basalte soit adossé aux côtés des montagnes calcaires. La petite lisière de basalte que nous remarquâmes au *Cap Saint-Vincent*, se présentait de même. D'ailleurs nous n'avons observé aucune trace de basalte et de véritables volcans, et l'endroit de la ville où le tremblemeut de terre a fait les plus grands ravages, repose sur un fonds de pierres calcaires, comme je m'en suis convaïncu par des observations répétées. La cause du tremblement de terre, quelle qu'elle soit, existe au dessous de ces couches de pierres; le Portugal en offre la preuve. Ce pays renferme une quantité de sources thermales, qui, selon *Vasconcellos*, sont au nombre de deux cents; et, quoique cette évaluation soit trop forte, on en rencontre plus ici que dans aucun autre pays de l'Europe de la même étendue. Ce qui est digne de remarque, c'est que la plupart de ces sources et les plus chaudes sortent du granit, qu'on doit regarder comme composant les montagnes primitives. Nous savons que le granit forme généralement la base de toute autre espèce de pierres; elles le recouvrent toutes, et on n'en a pas jusqu'à présent rencontré au-dessous. Le foyer qui échauffe ces sources réside donc dans le granit ou au-dessous de lui; de là sortent les sources les plus chaudes, qui sont refroidies plus elles passent par une autre espèce de pierres. De là provient la chaleur modérée des sources qui sortent des montagnes calcaires ou sablonneuses. Ce n'est pas une observation rassurante pour les habitans de la terre, que le foyer des sources thermales, des volcans et des tremblemens de terre, soit si profond; car les explosions doivent produire un effet violent et dévastateur.

On pourrait dire que le basalte est enlevé par un feu volcanique, et que le Portugal éprouverait moins de secousses, s'il avait des montagnes de basalte plus étendues, qui pussent donner un libre cours au feu des volcans. Il est vrai que l'Espagne a moins à craindre les tremblemens de terre; aussi n'y trouve-t-on point de basalte. Cette hypothèse serait assez vraisemblable, si l'on pouvait prouver que le basalte a pénétré d'autres couches de pierre.

Les environs de Lisbonne sont intéressans pour l'art, par les arcades hardies qui supportent le superbe aqueduc dans la vallée d'Alcantara : on les nomme *os arcos das agoas livres*, ou vulgairement *agoas livres*. En déterminant la hauteur et la largeur de la plus grande arcade, j'ai suivi *Vandelli* dans les *Mem. da Acad. real da Lisboa*. Selon M. *Tilesius*, la hauteur en est encore plus considérable; il l'estime de 263 pieds. Comme je ne l'ai pas mesurée moi-même, je ne suis pas en état d'en juger. La longueur de cet aqueduc, là où il repose sur cette arcade pour traverser la vallée, est environ de 2400 pieds. En sortant de cet aqueduc, l'eau tombe dans un réservoir nommé *o Rata*, situé dans la ville, près d'un couvent de religieuses. Le marquis de Pombal établit ici une fabrique de soieries et de velours, et fit planter de mûriers la place qui se trouve entre le bâtiment principal et les habitations des ouvriers; c'est pourquoi on la nomme encore *praça das*

Amoreiras ou *as Amoreiras*. Cette fabrique n'existe plus.

L'eau est excellente à Lisbonne, quoiqu'elle soit impregnée d'un peu d'acide carbonique. Dans les grandes chaleurs elle conserve toute sa fraîcheur dans des vases de terre, nommés *puçaros* et non *buçaros*. Ces vases sont pénétrés par l'eau qui s'évapore aux parois extérieurs, et par-là rafraîchit toute la masse d'eau. Il paraît que ce procédé est très-ancien, car dans beaucoup de pays chauds, comme dans l'Orient et en Egypte, on se sert du même moyen pour rafraîchir l'eau.

Du haut de l'aqueduc on aperçoit une petite plantation d'orangers, qui embaume la vallée par ses douces exhalaisons. Cette circonstance m'a fourni l'occasion de parler, *T. I, p.* 240, du plus bel arbre que la nature produise dans ces lieux. On ne voit pas croître l'oranger, à Lisbonne, en plein champ comme l'olivier; les plantations d'orangers ont une légère enceinte. J'ajouterai encore qu'on ne greffe pas toujours les orangers; les meilleures oranges proviennent des arbres qui ont été semés, et qui n'ont subi aucune opération pendant leur croissance. Mais, pour avoir plutôt des fruits, on plante des sauvageons, et on les greffe ensuite sur quelque bonne espèce. Ces arbres greffés ne donnent pas des fruits aussi bons que ceux qui n'ont point subi cette opération, et ne durent pas aussi long-temps. Dans les environs de Coimbre, il y de nombreuses pépinières d'orangers qui ont été semés. On expédie les oranges non seulement au mois de février, mais aussi en décembre, et on peut penser combien ces oranges sont différentes de celles que l'on cueille au mois de mai.

Il est reconnu que le climat de Lisbonne est si agréable et si salutaire, que les Anglais envoient en Portugal des personnes étiques, pour rétablir leur santé. L'auteur des Lettres de *Costigan* s'étonne que la peste ait pu faire des ravages à Lisbonne, quoique l'air soit aussi salubre; il croit que les immondices entassées dans les rues en ont été la cause. Mais il se trompe; selon le témoignage de tous les médecins, la peste peut se propager par la contagion, dans les lieux où l'air est le plus pur. L'opinion d'un auteur moderne,

Hippolito da Costa (voyez *Medical Repository*, *New-York*, *vol. III*, *p.* 1), est bien plus singulière : Quoique Lisbonne soit une ville mal-propre, dit-il, elle est cependant salubre, parce que ses édifices sont construits en marbre et en pierre calcaire; de l'autre côté du fleuve, où les maisons sont bâties avec du grès, les endroits les plus propres sont mal-sains. Quelle assertion ! La cause de l'insalubrité des lieux au-delà du fleuve et de la salubrité de Lisbonne est cependant évidente. Là, un pays plat, des marais et de grandes plages au bord du fleuve, qui, lorsque les eaux se retirent, répandent une odeur méphitique. L'expérience et des essais ont prouvé que les marais exhalent un air très-nuisible à la santé, et qu'un petit marécage dans un pays chaud suffit pour rendre insalubre une grande étendue de terres. Je crois avoir observé que les maisons au-delà du fleuve sont construites en pierre calcaire, car les bruyères ne fournissent point de grès; les montagnes qui renferment cette pierre sont très-éloignées, et les montagnes calcaires sont voisines. Je n'aurais pas fait mention d'une assertion aussi erronée, si *Da Costa* n'était pas un auteur moderne, et de plus un Portugais, qui doit bien connaître son pays.

L'été de 1797 était d'une chaleur excessive. A Lisbonne on m'a assuré que le thermomètre de Réaumur a été, pendant quelques jours, à 28 degrés. Comme dans cette année nous ne fûmes de retour des provinces septentrionales que vers l'automne, nous ne pûmes faire aucune observation sur la plus grande chaleur à Lisbonne. Il arriva souvent qu'au commencement de septembre la chaleur était, dans l'après-midi, à 25 degrés de Réaumur. Au reste on peut rapporter au Portugal tout ce que l'on dit des pays chauds; la chaleur moyenne est de 20 à 23 degrés, rarement de 25; il est même extraordinaire de la voir surpasser ce degré. Dans nos pays septentrionaux la chaleur est souvent aussi forte et même plus grande (dans l'été 1802, elle monta à Rostock à 27 degrés); mais elle ne reste à ce point que pendant quelques jours, parce que quelque orage la fait bientôt diminuer et redescendre le thermomètre le lendemain à 12, 10 et même 8 degrés. Il n'en es pas ainsi du Portugal : le ciel est toujours pur aucun orage ne fait varier la chaleur de l'atmosphère, et pendant six semaines à deux mois il régnera continuellement une chaleur qui surpassera vingt degrés. Il ne faut cependant pas s'imaginer qu'elle soit aussi insupportable que chez nous ; la pureté du ciel la rend agréable, et dans nos contrées septentrionales la chaleur devient incommode à l'approche d'un orage. Je ne me suis jamai mieux porté que dans les chaleurs excessive des mois d'août et de septembre 1797, en Portugal. Les vents de mer tempèrent au reste la chaleur en Portugal, sur-tout à Lisbonne, à O-Porto et sur les côtes ; j'avouera même qu'ils me furent d'abord fort incommodes. Ils rafraîchissent trop ; car, en donnan sur un corps couvert de sueur, ils contribuent à l'évaporation de cette humidité, e augmentent la fraîcheur. C'est par cette raison que le Portugais se sert de son manteau en été. Dans l'intérieur du pays, où les vents de mer ne peuvent atteindre, la chaleur est beaucoup plus forte que sur les côtes. Le Portugai dit, il fait calme *(faz calma)*, lorsque nous dirions, il fait très-chaud.

On se garantit aisément de la chaleur ; il faut pour cet effet fermer les maisons, pour que les rayons du soleil ne puissent pénétrer dans l'intérieur des appartemens. Les Romains, les Grecs, les Maures, les Italiens, les Espagnols et les Portugais, en un mot tous les peuples qui habitent la zone torride, bâtirent des villes garnies de rues étroites, où le soleil ne pouvait pénétrer; les habitans des pays septentrionaux les imitèrent, sans cependant avoir les mêmes raisons. Dans le nord on a élargi de nos jours les rues, et les habitans des contrées méridionales imitent maintenant les septentrionaux, peut-être aussi mal-à-propos qu'autrefois ceux-ci. C'est donc à tort que l'on blâme les maisons élevées et les rues étroites des villes du midi; il serait également injuste de blâmer le défaut d'ombre autour des maisons, sur-tout autour des maisons de campagne, et d'attribuer à la paresse des habitans leur peu de soin de planter des arbres. Une trop grande quantité d'arbres, et principalement des forêts, interceptent le courant d'air et rendent la chaleur insupportable. Dans les charmantes vallées du Minho, il fait souvent une chaleur étouffante; on ne pourrait même pas y résister, si l'on ne trouvait par-tout des sources qui humectent le sol et qui répanden de la fraîcheur. Pour s'en convaincre, on n'a qu'à visiter une épaisse forêt pendant les grandes chaleurs.

Le midi du Portugal a, à proprement parler, deux printemps. La campagne brûlée est recouverte de fleurs après les premières pluies. Alors on voit paraître les belles plantes dont j'ai parlé dans le premier volume, et qui sont connues de tous les botanistes. L'une a été décrite par *Ramond*, qui en a formé un nouveau genre nommé *merendera bulboco diodes*; l'autre n'a point encore été décrite; nous l'avons appelée *colchicum fritillatum*. Le safran d'automne n'est point le *crocus sativus* dont nous avons parlé *T. I*, *p.* 245, mais le *crocus nodiflorus* déterminé par *Smith*. Ensuite arrivent les pluies de novembre et de décembre, qui produisent de nouvelles fleurs par exemple, la renoncule, la jolie *cochlearia acaulis* (*Desfont.*) et autres. Le mo de janvier est plus serein et plus froid, mais on dit que février l'est encore plus. Ce fut le 14 février 1781 ou 1782 qu'il tomba de la neige à Lisbonne, événement qui jeta l'épouvante parmi les habitans. Je ne trouvai pas le commencement de mars 1797 aussi chaud que je l'avais présumé ; il fit pendant quelques jours un froid très-vif. Le brâsier, *brasero* des Espagnols, *brazeiro* des Portugais, est le moyen ordinaire de se chauffer dans les bonnes maisons. C'est cependant au mois de février que les belles fleurs printanières ornent les coteaux de Lisbonne, et où les formes bisarres des diverses espèces d'*ophrys* qui paraissent indigènes en Portugal, excitent un étonnement que les anciens botanistes ont déjà exprimé. C'est ainsi que passe le mois de mars, jusqu'à ce qu'en avril la belle et riche végétation paraît dans toute sa splendeur. Dès le mois de mai disparaissent les belles fleurs printanières ; d'autres fleurissent en juin. Il n'y a que les plantes épineuses qui montrent encore des fleurs en juillet et août, pendant que le pays paraît brûlé et que leurs feuilles sont desséchées.

Des observations exactes sur le passage des oiseaux dans ces contrées seraient intéressantes pour l'histoire naturelle ; je desirerais que des amateurs de l'ornithologie s'y livrassent en Portugal. Nos voyages dans ce pays nous empêchèrent d'étudier cet objet dans les lieux où nous aurions dû le faire. Je ne citerai ici que quelques observations. Les rossignols ne paraissent pas plutôt ici qu'en Allemagne ; je me rappelle de ne les avoir vus que dans les premiers jours d'avril. On voyait les cicognes au contraire, non seulement plutôt qu'en Allemagne, mais même dans les environs de Lisbonne, au mois de novembre. Ne pourrait-on pas conclure de là que les premiers se dirigent vers le sud-est, et ceux-ci vers le sud-ouest ?

Un printemps pluvieux annonce en Portugal une abondante récolte ; un printemps sec est très-nuisible. Le bled ordinaire, au nord du fleuve, est le froment, au midi le maïs ; on ne se sert, dans le midi du Portugal, du seigle que pour la nourriture des bestiaux. On cultive peu d'orge et point d'avoine, parce qu'on prétend qu'elle est nuisible aux chevaux de ces contrées. Dans le midi du Portugal le bled est en général foulé par des bœufs ou des chevaux ; l'on se sert, pour cet effet, d'aires *(eiras)* bien battues ou bien pavées. On fait usage de la houe dans les terres légères, et d'une charrue très-pesante dans les terres fortes. Les charrettes dont j'ai fait mention *T. I, p.* 251, sont les mêmes que celles dont on se sert en Afrique et dans l'Orient. Les roues ne sont pas faites d'un seul morceau, mais de différentes pièces grossièrement rapportées ; ce qui est fort extraordinaire, c'est qu'elles tournent avec l'essieu. Plusieurs Portugais m'ont dit que le bruit qu'occasionnent ces roues non graissées, sert à exciter les bœufs ; d'autres, qu'il éloigne les animaux féroces, et qu'on l'entend de loin dans les gorges des montagnes. Cette dernière raison est la plus probable. Au reste je ne crois pas qu'on leur fasse faire ce bruit exprès ; c'est plutôt l'effet de leur construction, de la paresse, du défaut de matières grasses, etc. Le conducteur précède les bœufs, parce qu'il y est obligé par une loi positive à Lisbonne, et le bâton dont il se sert a une longueur déterminée par la même loi, qui l'empêche d'atteindre facilement les bœufs attelés à la charrette. Il faut donc qu'il la conduise de près, pour pouvoir prévenir plus facilement tout accident.

Pour ce qui concerne les alimens, j'observerai que l'on commence à cultiver la pomme de terre, et qu'on la vend au bas-peuple sur les marchés. Les confitures *(doce)* sont faites non avec l'espèce longue des citrouilles, mais avec celle qui est ronde; on s'en sert dans les soupes. Dans le pays on trouve cependant du lait, et dans les montagnes du lait de vaches. Parmi les poissons les Portugais mangent le plus souvent la sardine. La sole commune, *pleuronectes linguatula*, n'est pas aussi bonne que le *pleuronectes solen*; l'alose *(clupea alosa)* serait fort délicate, si elle n'était pas pourvue d'une quantité d'arêtes très-fines; la petite *espada (peixa espada)* n'est pas le meilleur poisson. A la fin de l'alinéa de la page 258, *T. I*, où l'on parle de *frigidieiras*, on pourrait confondre ces femmes avec celles qui cueillent les châtaignes; mais elles sont très-différentes.

3.° *Police de Lisbonne. Divertissemens des habitans de cette ville. Etablissemens publics.*

Quoique le peuple paye annuellement 80,000 crusades pour le balayage des rues et pour être éclairé, Lisbonne était cependant, sous l'inspecteur *Diogo-Ignacio de Pina Manique*, une des villes les plus mal-propres de l'Europe. Elle n'était point éclairée; des brigands et des assassins la rendaient peu sûre pendant la nuit. Les temps les plus dangereux sont les journées d'hiver, l'époque du paiement des loyers, de la presse des matelots, les jours de fêtes et les dimanches. J'ai dit, *T. I, p.* 263, qu'un homme fut assassiné en plein jour, dans une procession; un motif de jalousie fit commettre cet assassinat. On ne sévit pas avec assez de rigueur contre les criminels et surtout les bandits; le peuple est même porté à excuser un meurtre causé par vengeance ou par jalousie; il le regarde comme un moyen d'avoir satisfaction; et, lorsque l'assassin est poursuivi, il le plaint et même le prend sous sa protection. Il est vrai que la peine de mort n'est point abolie, mais elle est cependant peu commune. La grande modération de la reine a sans doute beaucoup contribué à corrompre cette nation, qui ordinairement est douée d'un bon caractère. C'est un malheur, dans beaucoup d'états, que le successeur à la couronne veuille réparer les sottises de son prédécesseur par d'autres fautes. La sévérité de *Pombal* a révolté une grande partie de la nation, sur-tout la noblesse; la reine ne put considérer qu'avec peine sa manière de se conduire. Elle tomba dans le défaut opposé; elle accorda la grace sans distinction aux coupables comme aux innocens. On pouvait s'attendre qu'un grand nombre de personnes mal intentionnées profiteraient de cette modération pour obtenir, pour eux et leurs amis, le pardon de leurs crimes; les Lettres de *Costigan* sont remplis d'exemples pareils, et on ne peut malheureusement disconvenir que la plupart de ses histoires ne soient vraies.

Les choses ont bien changé depuis ce temps; le prince de Brésil s'est fait déclarer régent du royaume; il a renvoyé le ministre de l'intérieur, *José de Ceabra da Silva*, qui a été remplacé provisoirement par le sieur *Manique*. *D. Rodrigo de Sousa Continho*, ci-devant ministre de la marine et maintenant ministre des finances, homme très-actif, fut nommé ministre de l'intérieur. Il a fait éclairer la ville comme elle était autrefois ; il a eu soin de faire nettoyer les rues et de veiller à leur sûreté pendant la nuit; en un mot, Lisbonne n'est plus reconnaissable. Puisse ce digne homme, dont le zèle pour le bien de son pays est connu de tous les Portugais impartiaux, rester long-temps dans son emploi!

Ce que j'ai dit *T. I.*, *p.* 264, des nègres à Lisbonne, n'est pas constaté. Un homme qui connaît bien le pays, a nié qu'une grande partie des nègres fussent des brigands. Les nègres sont libres, non après sept ans de service, mais à leur arrivée dans le port, en vertu d'une loi du 19 septembre 1761. On s'est vu obligé, pour engager les propriétaires d'un trop grand nombre de nègres au Brésil, de les faire servir comme matelots sur les vaisseaux, de leur assurer, par une loi de 1800, leur droit de propriété dans ce cas, avec la condition que le maître s'entende avec son esclave, pour le partage de la solde. J'ajouterai encore qu'il y a au Brésil des régimens complets de nègres libres qui se sont rachetés, ou qui ont été affranchis. Anciennement on avait déjà donné la liberté à plusieurs familles nègres qui avaient contribué à chasser les Hollandais de ce pays. Selon le témoignage de tous ceux qui connaissent bien les colonies des Européens dans les autres parties du monde, les nègres sont en général bien traités dans les colonies portugaises : les Espagnols et les Portugais méritent la préférence à cet égard sur les nations qui se croient plus policées, les Français, les Anglais et les Hollandais.

Tous les auteurs qui ont décrit Lisbonne, parlent des mendians qu'on y rencontre en foule dans les rues. Ce tableau n'a rien d'exagéré; leur aspect, leurs cris, et les exclamations qu'ils répètent continuellement, sont insupportables pour un étranger; peu-à-peu on s'y habitue. Leurs cris sont souvent très-plaisans; j'ai parlé, *T. I.*, *p. 266*, d'un mendiant, dans la *Calçada d'Estrella*, qui demandait du tabac en poudre pour les ames. Le mendiant n'entend point demander le tabac pour les ames, mais de l'argent pour en acheter, ou plutôt la pièce pour le tabac; car c'est ainsi que les gens du peuple demandent le *pour-boire*. Ajoutez à cette mendicité individuelle celle des couvents, dont j'ai fourni un exemple, en parlant de la vente du raisin; elle mérite cependant des détails plus exacts. Depuis le 2 novembre, c'est-à-dire, depuis le jour des morts, les confréries qui mendient pour le salut des ames du purgatoire, ont la permission de demander l'aumône dans les rues de chaque paroisse, autour des églises et des chapelles. Le peuple dévot, accoutumé à cette momerie, donne ce qui est en son pouvoir. C'est ainsi que les paysannes, dans le temps qu'elles apportent du raisin à la ville, et qu'elles n'en ont point encore vendu, donnent de ce fruit; d'autres offrent des oranges, d'autres un pigeon ou un poulet; et jusqu'aux marchands de colifichets, qui vont de village en village, donnent une poupée ou des joujoux. Vers midi, lorsque le beau monde est aux croisées, les *procureurs des ames* vendent ces denrées aux plus offrants, et la rivalité de deux voisines donne souvent lieu à ce que ces bagatelles se vendent bien au-dessus de leur valeur. C'est alors qu'on entend crier dans les rues : *raisin des ames*, *quatre pour un vintems*, etc.

Un des traits caractéristiques qui distinguent les Portugais des Allemands et des autres nations, c'est que l'argent pour le tabac est chez eux ce que pour nous est le *pour-boire*. Le tabac en poudre y tient lieu du tabac à fumer et de l'eau-de-vie des peuples septentrionaux. L'homme ne se contente pas uniquement de la nourriture; il exige d'autres moyens pour émouvoir ses sens, et ceux-ci diffèrent selon ses divers besoins. Dans les pays du nord, où le froid affaiblit le corps, il faut que le moyen irritatif soit plus violent; il est obligé de remplacer le défaut de chaleur naturelle par une chaleur factice. Il choisit l'eau-de-vie et d'autres liqueurs fortes, dont l'usage répété lui en fait contracter l'habitude. Dans les pays chauds au contraire, où la beauté du climat fortifie et ranime le corps, on sent moins le besoin de moyens irritatifs violens; on en choisit donc de plus doux, et le tabac en poudre est un de ces moyens. L'habitude en a bientôt fait un besoin, et des personnes qui prennent beaucoup de tabac en poudre m'ont assuré qu'il n'est pas extraordinaire en Portugal qu'une femme qui depuis long-temps n'a pris de tabac, dise : *Je suis au désespoir*, *estou desperada*. T. I, p. 267.

On fume rarement du tabac; je ne me rappelle pas d'avoir vu une pipe, et je crois qu'il n'y a pas de nom en portugais pour la désigner; mais les *cigarres* sont devenues très-communes, même parmi les personnes de distinction, et probablement que l'exemple des Anglais a contribué à mettre cet usage à la mode.

L'habillement du bas-peuple en Portugal consiste en un gilet d'une couleur vive, rouge, jaune, vert; une veste, et par-dessus un manteau *(capote)*; les manches pendantes à ce manteau sont une imitation de costumes étrangers; mais ce qui leur est particulier, c'est le grand capuchon attaché au collet, et qu'on nomme *salé*. De là dérive le mot

Salvio, dénomination que l'on applique aux paysans qui habitent le voisinage des grandes villes, quoique le costume soit le même dans tout le royaume ; on prétend qu'il provient des Maures de *Salé*. Les femmes portent un bonnet pointu, mais ce sont ordinairement les *Salvias*. Le filet espagnol (*redecilla*) qui couvre les cheveux, se nomme en portugais *coeffa*; le voile espagnol est maintenant assez commun. Le costume des femmes portugaises ressemble beaucoup à celui de quelques villes impériales, par les grands manteaux (*manta*) qu'elles portent; ce manteau consiste en un grand capuchon de taffetas noir attaché à la ceinture, dont un bout, qui chez les personnes de distinction est garni de dentelles, couvre la tête (ces dentelles couvrent une partie du visage, et tiennent lieu de voile); l'autre bout retombe sur les jupons. J'ai fait mention de cette *manta* en parlant de Coimbre; mais comme je n'avais vu que des femmes du peuple dans ce costume, je je n'avais pas remarqué les dentelles dont elle est garnie. On s'en sert aussi dans les autres villes du royaume, quoique moins fréquemment. Le mouchoir en marmotte, dont un bout pend par derrière, et sous lequel plusieurs femmes portugaises portent la *coeffa*, n'est qu'un bout de voile, et elles savent si bien l'arranger, qu'il en tient lieu; il est sur-tout en usage à Lisbonne. Des connaisseurs prétendent qu'il y a une espèce de coquetterie dans la manière de porter ce mouchoir; qu'il allonge des figures trop larges, qu'il couvre les joues creuses, et ne fait apercevoir que de beaux yeux et un nez bien fait.

Murphy, dont j'ai blâmé les assertions *T. I, p.* 269, est un des meilleurs auteurs du Portugal, quoiqu'il ait le défaut d'étendre des observations particulières sur toute une nation; mais ce défaut est si ordinaire, parce que des observations partielles font porter des jugemens généraux, que l'on doit l'excuser. Les domestiques en Portugal jouent beaucoup; mais *Murphy* s'énonce singulièrement, en disant que les valets jouent aux cartes dans l'antichambre de leurs maîtres. En général le bas-peuple, à Lisbonne et dans les environs, est adonné au jeu; je ne l'ai pas observé aussi souvent dans d'autres parties du royaume. En entrant un jour de fête ou un dimanche dans une auberge de village, je trouvai dès le matin les paysans assis autour d'une table, occupés à jouer aux cartes. *Murphy* dit ensuite que les perruquiers portent le dimanche l'épée au côté et le chapeau sous le bras, c'est-à-dire, que les coiffeurs les portent plus souvent à Lisbonne, et se conforment plus à la mode que dans aucune autre grande ville. Autrefois ils portaient l'épée, et le chapeau sous le bras; maintenant ils paraissent vêtus de fracs comme les *fidalgos*. On dit mal-à-propos que les Portugais cèdent la droite à un étranger par politesse; ils font au contraire marcher les étrangers là où le chemin est le meilleur et le plus propre, et s'inquiètent fort peu de la droite ou de la gauche. Ces observations sur les voyages de *Murphy* ne doivent point au reste diminuer le degré d'estime que mérite cet auteur.

J'ai parlé, *T. I*, *p.* 271, avec éloge du bas-peuple en Portugal, parce qu'il ne mêle à ses discours aucun jurement, aucun terme indécent: je ne veux pas dire par-là que la langue manque de telles expressions ; la basse classe du peuple en fait en certain cas un usage aussi fréquent que dans d'autres pays. Mais si dans d'autres pays on entend ces expressions dans les rues, il faut du moins en Portugal entrer dans les tripots les plus orduriers pour s'instruire de cette partie de la langue.

J'ai fait mention, *T. I, p.* 275, d'une dame de distinction, à Caldas dans le Gerez, qui, assise devant sa porte, avait mis sa tête dans le giron de sa femme-de-chambre, pour se faire débarrasser de sa vermine; les Portugais m'ont objecté que leurs femmes n'avaient point de vermine, mais trouvaient un certain plaisir à se faire gratter la tête. Cela est possible, car je n'ai pas pris des informations exactes sur cet objet. Il est au reste dans le caractère des habitans de ces belles contrées de se procurer un pareil moyen d'irritation. Si les femmes, à cause de cette douce sensation, ne savent pas assez ménager les apparences, je leur en fais ici mes excuses publiquement.

J'ajouterai encore quelques mots sur les

divertissemens de Lisbonne. On doit compter parmi les réjouissances publiques, dans les jours de marchés, ou à l'occasion des fêtes populaires, la *seguedilla* ou *tiranna*, qui, considérée comme danse, n'est pas aussi recherchée que le *fandango*, mais qui en général lui est supérieure; car, dans la *seguedilla*, le chant et la danse sont réunis à une pantomime qui amuse beaucoup les étrangers, quoique les différens mouvemens paraissent peu gracieux et même gênés. Les danses du peuple espagnol sont au reste plus voluptueuses que celles des Allemands, des Français et des Anglais; mais il ne faut pas l'attribuer à la chaleur du climat. Le peuple russe qui habite sous le 60.e degré de latitude nord, danse avec grâce et agrément.

Le *Long Room* est un établissement, à Lisbonne, qui est uniquement soutenu par les étrangers et par souscription. Les directeurs actuels de cet établissement sont les souscripteurs qui ont donné les premiers leur argent sur des actions, et qui ont stipulé entr'eux les règlemens. Ils ont soin de les faire observer, et chacun des souscripteurs est obligé de promettre de se soumettre en tout aux statuts de cette association. Les Portugais, même les plus distingués, ne sont point admis au nombre des souscripteurs; chaque directeur a cependant un certain nombre de billets à distribuer, qu'il donne à des Portugais. Dans les fêtes particulières, par exemple, à l'occasion du bal pour le jour de la naissance du prince, etc., les membres des principales administrations, ainsi que les négocians portugais les plus distingués, sont invités. Chaque étranger qui se fait introduire par un des souscripteurs, peut fréquenter la société pendant un mois; à cette époque, on lui présente le livre des souscriptions; et lorsqu'il veut continuer de fréquenter la société, il est obligé de souscrire au moins pour six mois. La souscription, pour toute l'année, est de 32,000 reis (environ 260 fr.). Les ambassadeurs étrangers ne peuvent pas être admis au nombre des souscripteurs, mais ils sont invités aux bals. L'exclusion des Portugais a eu lieu par ordre du gouvernement.

Il y a quelques bonnes auberges à Lisbonne. La principale était tenue par un Anglais nommé *Williams*. Elle est bien supérieure à la première auberge de Madrid, la *Croix de Malte*, soit par l'élégance, soit par la propreté et le service. Parmi les auberges du second rang, on doit compter celle de Mr *Pulnois*, située dans la *Calçada de Estrella*. Mme *Montan*, qui est allemande, en tient une plus mauvaise dans le centre de la ville, où se rendent ordinairement les capitaines de vaisseaux allemands; elle a été distinguée, quoique mal-à-propos, dans différens voyages. Je dois recommander l'auberge de M. *Pulnois* à chaque étranger qui aime la tranquillité et la propreté; car on trouve bien celle-ci, mais non la première dans les auberges du premier rang. Chaque étranger qui veut visiter Lisbonne, doit bien considérer que tout est fort cher en Portugal et sur-tout à Lisbonne. Le dîner coûte huit *tostoes* (neuf fr.) pour une personne; et, quoiqu'il soit bon, il n'est cependant guère meilleur que chez nous pour la moitié de ce prix. Il est vrai que le vin y est compris; il consiste ordinairement en vin de Colares, qui est fort bon. Il y a des traiteurs portugais dans toutes les rues, mais on ne peut les recommander qu'à ceux qui savent se contenter de peu de chose. J'ai déjà dit que les cafés sont, à quelques exceptions près, fort mauvais; il y en a un grand nombre. On les reconnaît, parce qu'ils portent le nom de *caza de café*, ou *loja de café, de bebeidas* (*loja* signifie boutique ouverte). On y trouve, outre du café et du chocolat, toutes sortes de rafraîchissemens. J'ai trouvé du punch dans les meilleurs cafés; il est bien fait et peu cher. On se sert ordinairement du sirop de capillaire comme rafraîchissement.

L'opéra à Lisbonne possédait, en 1798, des chanteurs tellement célèbres, qu'il pouvait rivaliser avec celui de toute autre capitale. Il était soutenu par la cour et les grands; les principaux chanteurs reçoivent de riches présens, mais la cour ne leur donne pas d'appointemens fixes. La salle de l'opéra se nomme *teatro de S. Carlos*. Il y a en outre deux théâtres portugais à Lisbonne (et non un seul, comme je l'ai marqué *T. I, page* 280), *teatro do Salitre* et *na Rua dos*

Condes. Ce dernier était fermé, lorsque je me trouvai à Lisbonne; c'est pourquoi je n'en ai point parlé. J'ai fait mention d'une comédie intitulée *o Anno* 1798, qui excita toute mon attention. Elle a quelque ressemblance avec le drame anglais *the Westindian*, quoiqu'au reste elle soit originale. C'est un tableau fidèle des indécences et des escroqueries que l'on commet dans les différentes sociétés portugaises. Elle a fait un tel éclat, que je doute qu'on la représente dorénavant. Une pièce intitulée *o Duque de Burgogne*, qui a été représentée il y a quelques années, et qui offrait une peinture des abus de l'autorité et des injustices des gouverneurs dans les provinces et les colonies, eut le même sort; après trois représentations, on la défendit, parce que des gentilshommes, qui avaient occupé des places de gouverneurs au Brésil, n'eurent pas honte de s'en plaindre et de dire qu'on les représentait.

Au reste, ce qui contribue maintenant à l'agrément des spectacles à Lisbonne, c'est que les femmes ont la permission d'y paraître. Les rôles de jeunes bergères ne sont plus remplis par des personnages qui ont de la barbe, et qui parlent entre les dents pour adoucir leur voix. Les *graziosos*, ou arlequins de la scène portugaise, sont toujours les valets et les vieillards. Les petites pièces sont des farces ; les *saynettes* des Espagnols sont préférables à ceux des Portugais. On représente souvent des pièces traduites de Molière, qui ont beaucoup de succès.

A l'occasion des combats de taureaux, j'observerai que la place n'est point quarrée, mais octogone, et que ce n'est pas toujours le *corregedor* qui en a la surveillance, mais parfois le saint ou la Vierge Marie, lorsque le combat a lieu le jour de leur fête. Ceux-ci sont considérés comme présidant la solemnité, et sont salués en conséquence.

Celui qui veut se convaincre que les exercices de religion forment un des principaux divertissemens des Portugais, et sur-tout des femmes, doit visiter Lisbonne pendant la semaine-sainte. A cette époque et surtout le jeudi-saint, on visite toutes les églises comme on le fait dans d'autres pays ; mais les femmes portugaises, qui mènent en général une vie très-retirée, profitent de cette circonstance. C'est alors que l'on peut voir combien les cérémonies de la religion animent ce peuple, et influent sur la gaîté de son caractère. L'exercice de ses devoirs religieux est un plaisir pour le Portugais; il suit exactemeut les préceptes de sa religion; il est dévot, sans être fanatique. J'en ai cité plusieurs exemples, *T. I*, *p.* 287 *et* 288. La nation a toujours été de même, quoique des ministres et des rois aient été aussi fanatiques que les Espagnols; quoique le roi *D. Juan V* accompagnât au bûcher les malheureuses victimes de l'inquisition, et dinât, le jour d'un *auto-da-fé*, dans un appartement d'où il pouvait entendre les jugemens de l'inquisition. Ce que *Pombal* fit contre le clergé, aucun ministre n'aurait osé l'entreprendre en Espagne. L'inquisition n'a jamais été en Portugal ce qu'elle était en Espagne; elle n'a jamais été aussi zélée ni aussi cruelle que cette dernière. Elle n'était que le fléau des *nouveaux Chrétiens* ou Juifs convertis qu'elle cherchait à retenir dans le pays, pour avoir un objet sur lequel elle pût exercer sa puissance. Elle était fort tolérante envers les *anciens Chrétiens* ; on avait même fait une loi qui portait qu'un nouveau Chrétien, lorsqu'il tombait entre les mains de l'inquisition, ne pouvait témoigner contre un ancien sans encourir une punition. Au reste, il est certain qu'un grand nombre de ces nouveaux Chrétiens ou descendans des Juifs, qui restèrent dans le pays lors de leur expulsion, et adoptèrent la religion chrétienne, étaient de véritables Juifs. Tout cela n'excuse pas, il est vrai, les injustices de l'inquisition; mais il y a cependant une grande différence lorsque toute une nation tremble devant un tribunal, ou lorsque ce n'est qu'une classe du peuple qui le fait. *Pombal* fit cesser les différends entre les anciens et les nouveaux Chrétiens, mais il ne put empêcher que le peuple ne distinguât toujours le *frère nouveau (irmao novo)* de l'ancien Chrétien. Aujourd'hui l'inquisition n'est plus redoutable; les ecclésiastiques et les auteurs y doivent cependant faire attention, quoiqu'elle n'ait aucun droit sur ceux-ci, en cette qualité.

Les pères de l'Oratoire (appelés par dérision *Manugrecos*), sont les plus acharnés à poursuivre les hérétiques. On ne peut cependant faire ce reproche qu'à quelques anciens membres de l'ordre, qui se sont éloignés des autres dans le collège *das Necessidades*, et qui habitent le grand chapitre du royaume, nommé de *Spiritu-Santo*, situé au centre de la ville, sur le *Chiado*. Parmi ces pères, il y en a plusieurs qui sont très-éclairés, mais qui vivent dans la retraite. Le confeseur de la reine est, à la vérité, de cette congrégation, mais il ne se nomme pas *Francisco Gomes*, comme nous l'avons dit, *T. I, p.* 290 (1);

(1) C'est ainsi que se nomme l'évêque actuel des Algarves; un défaut de mémoire m'a fait confondre son nom. Rien de plus facile pour un voyageur en Espagne et en Portugal, que de confondre les noms. En société, on nomme les personnes par leur titre ou leur prénom, par exemple : *Senhor Antonio, Don José*, etc. Il y a souvent une telle quantité de noms propres, qu'on a de la peine à les retenir, et qu'il faut connaître la famille pour trouver le nom principal. J'ai parlé souvent à des Portugais, dont je n'ai su le nom que par l'almanach royal. Lorsque nous nous rendîmes à *Leiria*, le comte de *H*..... reçut une lettre de recommandation adressée à *Donna Maria*, sans autre nom. L'hôte auquel nous demandâmes conseil, choisit trois personnes du même nom, et nous fûmes assez heureux de rencontrer celle à qui la lettre était adressée.

mais D. *José-Maria de Mello;* il a été évêque les Algarves. Maintenant il n'en porte que le titre ; il est grand inquisiteur. Il est connu comme un homme très-dévôt, qui, par le peu de connaissances qu'il a des hommes, a beaucoup contribué à déranger l'esprit de la reine. Il est redevable de sa place de confesseur à sa famille, qui est une des premières du royaume ; à son alliance avec la plus haute noblesse, et sur-tout à la ci-devant favorite de la reine, l'abbesse des religieuses carmélites, dans le *nouveau couvent*.

J'observerai encore que la permission de travailler les jours de fêtes, ne peut s'acheter d'aucune manière en Portugal ; le Portugais travaille plutôt les dimanches que les jours de fêtes. Son raisonnement, d'après les préjugés généraux, c'est qu'un dimanche revient cinquante-deux fois chaque année, et que Dieu est plus indulgent que les saints, qui n'ont qu'un jour de fête chaque année. On accorde des dispenses pour des jours de fêtes, mais on ne les fait point payer.

Comme je parlerai en détail, à une autre occasion, de la littérature des Portugais et de l'état des sciences dans ce pays, je me contente d'ajouter ici quelques additions, et de rectifier des erreurs commises dans le *T. I.* Il n'est pas facile d'engager un libraire en Portugal, à publier un ouvrage relati aux sciences, parce qu'il ne pourrait en débiter tout au plus que deux cents exemplaires Le nombre des amateurs est trop petit, et on est trop accoutumé à puiser ses connaissance dans des ouvrages étrangers; de sorte que de hommes médiocrement instruits ne regarden même pas les traductions portugaises (qu d'ailleurs sont souvent fort négligées), lors qu'ils peuvent se procurer l'original. Au rest l'étude des langues étrangères s'accroît tou les jours, et les Portugais apprennent no seulement le français, mais même la langu anglaise. Depuis quelque temps, la cour fait imprimer à ses frais, par la médiatio du ministre *D. Rodrigo de Sousa Coutinho* quelques livres de science, et a donné l moitié des exemplaires aux auteurs, comm gratification. Autrefois, cela n'avait lieu qu pour quelques petits écrits dédiés aux prince ou aux princesses; par exemple, un livr d'équitation, dont les gravures ont été faites à Paris; des élémens de mathématiques et de fortifications à l'usage des élèves de l'école militaire, etc. Les libraires commencent maintenant à se charger des commissions pour l'étranger. Le libraire ne peut vendre les livres nouveaux qu'au prix indiqué sur le titre de l'ouvrage; il a quelque bénéfice sur la reliure. Les livres rares et anciens ne sont soumis à aucun prix fixe, et sont par conséquent bien plus chers.

J'ai mentionné, *T. Ier*, *page* 294, que le célèbre *Kaestner* est en tête de la liste des membres correspondans de l'académie des sciences à Lisbonne. Cet homme a cependant une grande réputation, me dit à ce sujet un de mes amis. Ce n'est pas sa réputation qui lui a donné cette place, mais son prénom *Abraham;* car, en Portugal, l'ordre alphabétique des personnes se règle toujours d'après les prénoms. Ce digne homme ne pourrait s'empêcher de rire, s'il était encore à même de lire ces lignes.

Le prince régent (et non la reine, comme il a été dit *T. Ier*, *p.* 294) a fondé, en 1799.

une société, dont les travaux ont pour bu de faire publier de bonnes cartes du royaum et des cartes marines à l'usage de la marin portugaise. Les membres de cette société on déjà terminé leurs travaux sur plusieurs dis tricts du royaume. On travaille toujours la carte générale, quoiqu'avec lenteur.

On m'a accusé d'avoir porté un jugemen trop sévère sur les différentes écoles, comm le collège des nobles, l'académie de la ma rine, etc., dans le *tom. I.er*, *pag.* 295, lors que j'ai dit qu'elles sont dans un état de fai blesse et qu'elles végètent à peine. Il y a, il es vrai, plusieurs excellens professeurs dans ce écoles; mais s'ils n'ont pas toute l'influence qu l'on désirerait sur les progrès de l'instruction il faut sans doute l'attribuer à quelque caus qui lui est étrangère. J'avoue cependant qu'u voyageur qui n'a pas le temps de suivre le cours, s'en rapporte nécessairement, dans se jugemens, aux ouï-dire qu'il recueille.

Quoique j'aie souvent visité la bibliothèqu du couvent de *N. Senhora de Jesus*, je n connais pas assez les institutions pour dire à quel ordre il appartient. Ce n'est pas un couvent de Bénédictins, mais de Minorites. J'y trouvai une quantité d'excellens ouvrages Espagnols. Dans chaque bibliothèque publique, en Portugal, on voit à côté des *Actis Sanctorum*, l'encyclopédie par ordre des matières. Je ne connais la bibliothèque du couvent de *S.-Viçente de Fora*, que par les relations d'un ami qui la visita souvent.

Je ne puis rétracter mon jugement sévère sur *Vandelli*, dans le *tom. I*, *p.* 300. Je corrigerai quelques fautes d'impression qui s'y sont glissées. Il ne suivit pas autant *Pontedera* qui fut son maître, que *Linnée* qui le combla d'éloges. Il n'a pas 800, mais 8000 crusades d'appointemens. Il n'est pas assesseur de l'*aula do Commercio*, mais de la *junta do Commercio*; car *aula* est un collège pour l'instruction; et *junta*, un collège administratif. J'ai mal-à-propos donné le titre *dom*, au second conservateur du cabinet.

L'observatoire *das Necessidades* que j'ai cité, n'existe plus. J'entendis souvent vanter le grand hôpital de *S.-José*. Le docteur *Langsdorf*, médecin du prince de Waldek, a publié, en portugais, une petite brochure sur cet établissement, qu'il assure ne rien valoir. J'avoue qu'il n'est pas sans défauts ; mais le docteur *Langsdorf* a-t-il pu le comparer avec les hôpitaux de différentes villes ? Je pense qu'à tout prendre, cet hôpital est à ranger parmi ceux de ces établissemens qui sont bien dirigés.

Tous les médecins, dans quelque ville qu'il aient étudié, lorsqu'ils veulent pratiquer en Portugal, doivent avoir obtenu du *proto-medicat*, la permission d'exercer leur art. On désigne, à cet effet, plusieurs jours pour le examiner sur la médecine pratique et théo rique. Ils sont obligés de visiter des ma lades à l'hôpital, en présence des députés d collège, de rendre compte de leur état, et d déduire les raisons de ce qu'ils leur prescrivent Il faut aussi qu'ils soutiennent au collèg une thèse sur des sujets d'anatomie et d pharmacie, qui leur sont distribués au sort et qu'il réponde aux questions proposées pa les assesseurs. Il est nécessaire qu'ils aien reçu le grade de docteur dans quelque uni versité; s'ils n'en présentent le diplôme, il ne sont point admis à l'examen. On n'a d l'indulgence sur ce point que pour les chirurgiens praticiens et leurs aides ignorans; j'ai vu même souvent ces derniers ordonner des médecines. Je sais par moi-même qu'il y a de mauvais médecins, parce que je fus obligé, contre mon gré, d'écrire des ordonnances dans les villages aux environs de Lisbonne, où je jouai le rôle du médecin malgré lui. On supposa que celui qui recueille des plantes, devait être nécessairement un médecin ou plutôt *cirurgiao*. Les médecins étrangers peuvent pratiquer, pendant quelque temps, sans permission; mais ils ne doivent traiter que des étrangers : car s'ils entreprenaient de traiter un Portugais, et que celui-ci ne guérît point, ils s'exposeraient à ce qu'on leur intentât un procès, qui leur causerait de grands désagrémens.

Les pharmacies portugaises sont sous l'inspection du premier médecin et président du *protomedicat*, qui peut les faire visiter lorsqu'il le juge à propos; elles sont obligées de se conformer aux règlemens qu'il leur prescrit. Ces réglemens portent le titre : *Pharmacopeia geral para o reino e dominios de Por-*

tugal, publicada por ordem da rainha fidelissima D. Maria I.er. Lisboa, na reg. off. typ., 2 *vol.*, 1794.

Voici encore quelques observations à ajouter à la description de l'université de Coimbre, *tom. I.er*, *pag.* 381. Le recteur (*reitor*) est toujours un ecclésiastique; cette place est réunie aujourd'hui à celle d'évêque; *Castro* n'occupe plus cet emploi. Les professeurs ne se nomment point *lertes*, mais *lentes*. Le grade de docteur, les médecins exceptés, n'est pris que par ceux qui se destinent aux places de professeurs ou à celles de juges dans les tribunaux suprêmes. Ils ne font point imprimer de dissertation pour leur réception, mais sont obligés de soutenir une thèse publique sur une question qui est indiquée par le sort. Il n'y a plus de *maîtres-ès-arts* en Portugal; mais il faut que tous ceux qui désirent avoir un emploi près de l'université soient *bacheliers*. Ceux qui étudient en théologie, et qui se destinent aux fonctions du ministère, peuvent avoir fait leurs études autre part; par exemple, à Evora. J'ai déjà dit que les chirurgiens proprement dits (*cirurgiaos*) doivent avoir fait leurs études. Le nombre des étudians, avant la réforme, était en effet très-grand, parce qu'on se faisait inscrire à cause des privilèges, sans suivre les cours, et il n'y avait point d'examen comme maintenant.

M. *de Zach* a prouvé, par des relations du chevalier *Aranja*, que j'avais eu tort de dire que l'observatoire de Coimbre manquait d'instrumens. Je suis cependant obligé d'affirmer que cet observatoire me parut plutôt être une chambre de parade, qu'un cabinet de travail; et par cette raison, j'ai pu ne pas remarquer tous les instrumens qui s'y trouvaient; il en était de même des instrumens de physique. Nous désirâmes avoir des baromètres pour faire à Coimbre des observations, qu'on aurait pu comparer ensuite avec celles que nous avions dessein de faire sur le Gerez et l'Estrella; sur-tout avec ce dernier, parce que Coimbre est presque située au pied de l'Estrella. Le professeur de physique nous présenta un baromètre portatif de *Hurter*; mais il s'y prit si mal-adroitement, que sans le secours du comte *de Hoffmansegg*, qui connaît fort bien les instrumens de physique, le mercure aurait été répandu. Il paraît que ce fut pour la première fois que l'on sortit ce baromètre de son étui. J'ai encore quelques notions à donner sur des institutions littéraires particulières en Portugal ; je les réserve pour une autre occasion.

J'ai donné mal-à-propos le titre *dom* aux professeurs de chimie, de physique et de botanique. Brotero ne se nomme point *Feliz de Avellar*, comme le dit l'almanach royal, mais *Feliz Avellar-Brotero*. Il vient de publier une *Phytographia Lusitaniæ selectior fasc. I.er Olissip.*, 1801, *fol.*, où beaucoup de plantes rares et nouvelles sont supérieurement bien décrites. L'auteur s'est plaint que cet ouvrage fourmillait de fautes typographiques, et qu'il voulait le faire réimprimer. Je lui ai répondu qu'un homme qui fait preuve de tant de connaissances, ne serait pas taxé d'ignorance à cause de quelques fautes d'impression.

Tous les étudians à Coimbre portent, avec leur costume bizarre, un petit sac noir, qui renferme le mouchoir et la tabatière. J'ai commis une erreur en disant qu'ils s'en servaient à défaut de poches; il sert de bonnet (*gorra*), et c'est un abus d'en faire l'usage d'un bonnet. Ils n'osent cependant pas porter ce bonnet dans la ville; au reste ils le mettent rarement. Du temps de *Jean III*, d'où date ce costume, la mode était de porter le bonnet à la main au lieu de chapeau. En général le costume des étudians de Coimbre est celui qui était généralement en usage lorsque cette université fut fondée; l'on a cru que des personnes graves et des savans ne devaient jamais varier leur costume.

4.° *Lieux situés dans le voisinage de Lisbonne.*

Au midi du fleuve, en face de Lisbonne, se trouvent trois baies et les lieux où l'on débarque les marchandises. D'*Aldea Gallega* l'on expédie pour l'Espagne, de *Moita* pour *Setuval*; de *Coina* pour la route d'*Azeytas*, et de *Seixal* pour le chemin de *Cezimbra*. Vis-à-vis ce dernier endroit et de l'autre côté de la baie, est l'emplacement où l'on éprouve les canons, et où se font les exercices et les manœuvres de l'artillerie. Ce fut sur cette place qu'un officier d'artillerie ignorant fit faire, en 1756, une décharge de cent vingt pièces de canon à la fois; ce qui o ccasiona une telle secousse à Lisbonne, qu'une église, qu'on était occupé à réparer, s'écroula et enterra sous ses débris plusieurs personnes. Le peuple, chez qui le souvenir du grand tremblement de terre n'était point encore effacé, fut consterné, et crut qu'il allait encore éprouver un événement pareil. A peu de distance de cet endroit, vers l'embouchure du fleuve, est situé le bourg *Casilhas;* et là où le rivage s'élève subitement, le bourg *Almada*, près duquel se trouve l'hôpital pour les marins anglais; en temps de guerre il n'est pas assez spacieux, et on loue des maisons dans le voisinage pour loger les malades. Sur le bord de la rivière on voit un petit fort et différens magasins; la Vieille-Tour (*Torre-Velha*), en face de la tour de Belem, est pourvue de plusieurs batteries et d'une bonne garnison. Au midi, et à l'embouchure du fleuve, est situé *Traffaria*, ancien fort avec des bâtimens très-vastes, qui servent, selon les circonstances, de quarantaine, de prison pour les criminels condamnés à la déportation, et de casernes pour les régimens destinés à être embarqués. Le village est à côté et porte le même nom. Le véritable séjour des pêcheurs de Lisbonne sont les cabanes de jonc sur la côte, à *A-Costa;* et ces hardis marins font usage de barques qui portent le nom de *saveiros*. Au bout d'un banc de sable est situé le fort de *Santo-Lourenço da Barra*, qui protège l'entrée du fleuve; mais il ne sert pas de prison aux criminels qui doivent être déportés, comme je l'ai dit *T. I, p.* 308, mais à ceux qui sont condamnés à terminer leurs jours dans les fers. Parmi les criminels nous aperçûmes l'homme qui avait un jour frappé le roi *Joseph* avec sa canne, probablement dans un accès de folie.

Les coches d'eau, qui vont plusieurs fois par jour dans les lieux au-delà du fleuve, se nomment *carreiras* ou *barcas de carreira*.

La tour de Belem, située au nord de la rivière, près du bourg de Belem, est un ancien ouvrage commencé par le roi *D. Manoel*, et terminé par *Jean III*. La gravure qui la représente dans les Délices d'Espagne et de Portugal par *Colmenar*, et qui a été copiée en grand dans le Voyage du duc de Châtelet, est assez exacte, excepté que les environs ne sont plus inhabités; ils ont été considérablement embellis.

Le fort de *S. Juliao* défend l'embouchure du fleuve du côté du nord, et à peu de distance de là se trouve la petite ville d'*Œyras*, dont les *quintas* et le canal rappellent le marquis de *Pombal*, qui était comte d'Œyras. Entre *Santo-Juliao* et Belem se trouve l'église de *S. Amato*, située sur une hauteur d'où l'on jouit d'une belle vue; elle est fort bien représentée dans l'ouvrage de *Colmenar*.

Quel est l'étanger qui ayant resté peu de temps à Lisbonne, ne connaisse pas Cintra? Dans toutes les relations de voyages on trouve des descriptions des *quintas* dont ce lieu est orné, de l'ancien château et d'autres objets, et l'on peut être assuré de la vérité de ces notions, pourvu qu'on ne prétende pas y trouver des observations sur l'histoire naturelle. Quoique le séjour de Cintra soit un des plus beaux sous ce climat, quoiqu'il soit peut-être difficile de trouver un paysage pareil, même dans le midi de la France et en Italie, il est surpassé, à mon avis, par celui de Monchique. On rencontre ici, comme à Cintra, de l'ombre et des sources limpides, mais on y trouve de plus de belles prairies émaillées de fleurs et entourées de châtaigniers. La *Serra de Foja* est plus facile à gravir que le sommet des montagnes de Cintra; et la vue qui s'étend presque sur tout le royaume des Algarves, est une des plus magnifiques dont on puisse jouir.

« Il ne faut pas croire, ai-je dit *T. I*, *p.* 319, que l'art contribue en rien à embellir cette campagne ». Cette expression n'est pas précise ; l'art y a produit ces belles *quintas* ombragées de verdure, qui en rendent le séjour si agréable ; mais il n'y a rien fait pour les plaisirs de la société; on n'y rencontre ni spectacles, ni bals, ni concerts, ni aucun autre amusement.

Les montagnes de Cintra, nommées par les anciens, *Mons Lunæ*, se terminent par le *Cabo de Rocca*, le *Promontorium mag-*

num ou *Promontorium Cinthiæ* des anciens. J'ai estimé sa pente du côté de la mer, par apperçu ; je la suppose être de cinquante à quatre-vingts pieds ; M. le comte de *H*..... croit cependant que cette évaluation est trop modique.

J'ai parlé des eaux minérales de *Bollas*, *T. I*, *p.* 316; elles méritent, sous tous les rapports, une analyse chimique. L'on arrive à Bellas d'abord par la route de Cintra ; ensuite on tourne à droite jusqu'au village *Idenha* ; et après une demi-heure de chemin, on arrive à un autre petit village nommé *Venda Seca*, près duquel se trouvent les eaux minérales. Les deux sources sortent d'une petite cavité où l'on peut descendre ; elles sont fermées l'une et l'autre. On prétend que l'eau de l'une de ces sources a la propriété de faire avorter ; et ceux qui sont chargés de la surveillance, ont les ordres les plus sévères pour n'en pas donner une goutte. En effet, ce fut avec beaucoup de peine que nous pûmes obtenir un verre pour la goûter. Autant que j'ai pu m'en convaincre par le goût, ces eaux paraissaient contenir du vitriol ferrugineux, mais point d'oxide de fer. L'eau de l'autre source est bien moins forte ; elle ne contient que de l'oxide de fer ; on la vend un *tostao* la bouteille. Près de ces sources on voit une forêt de pins maritimes, qui offre une promenade agréable. Le sol est formé par du grès, mêlé de fragmens de minérai de fer. Comme les eaux qui contiennent de l'oxide de fer sont rares en Portugal, celles-ci méritent l'attention des médecins.

Dans une petite excursion que nous fîmes au mois de mars 1798, nous suivîmes toute la chaîne des montagnes de Cintra jusqu'au *Cabo de Rocca* ; nous visitâmes le couvent de Liège, dont *Barretti* parle dans ses lettres ; nous arrivâmes ensuite, par un pays agréable, au village *Olieras*, et enfin au fanal du *Cabo de Rocca*, par une contrée stérile. Trompés par la carte de Lopez, nous nous rendîmes d'ici à *Cascaès*. Au lieu d'une distance d'une lieue, nous en trouvâmes une de trois à quatre, par des montagnes arides, stériles et impraticables pour les bêtes de somme. La distance du bourg de *Cascaes* a été estimée trop petite ; elle est de cinq lieues.

Nous ne conseillons à personne de prendre cette route.

La *Serra da Arrabida* s'étend presqu'en ligne parallèle avec les montagnes de Cintra, au sud du Tage; et se termine par le *Cabo de Espichel*, qui, avec le *Cabo de Rocca*, forme la baie dans laquelle se trouve l'embouchure de la rivière. Celui qui est accoutumé à grimper les montagnes, ne doit pas manquer de visiter celles-ci. Au pied de ces montagnes, on trouve une auberge commode à *Aldea dos Mouros ;* on y parvient facilement, en louant à *Casilhas* un âne que l'ânier fait marcher très-vite, et on s'épargne de plus un chemin sablonneux. Des collines agréables couvertes de *tinus* élevés entourent le village; une lande, garnie de la plus belle espèce de cistes, règne jusqu'au pied des montagnes, d'où tombe un ruisseau ombragé par des myrtes élevés; l'on monte d'abord à l'ombre de vieux lauriers, mais ensuite on a de la difficulté à gravir la montagne à cause de son escarpement, et des pierres détachées dont elle est parsemée; une espèce de genêt épineux, que l'on trouve en grande quantité, contribue également à arrêter la marche. Du sommet on aperçoit toute la chaîne de montagnes jusqu'au fanal du *Cabo Espichel;* on voit à ses pieds la baie de Sétuval et une grande étendue de côtes; l'œil se promène sur l'immensité de l'Océan; Lisbonne paraît très-distinctement, et on peut suivre le cours de la rivière jusques bien avant dans le pays; les montagnes de Cintra forment le fond du tableau. Au levant on aperçoit le couvent de *Palmella*, situé sur une montagne de forme conique, et séparé de la *Serra* par un étroit vallon; et au-delà la vaste étendue des landes de l'Alemtejo.

Cette chaîne de montagnes se termine par le *Cabo d'Espichel.* Sur la pointe la plus avancée du promontoire, est située l'église de *Nossa Senhora do Cabo*, avec une image miraculeuse de la Vierge; on y fait de fréquens pélerinages auxquels la cour prend part. Le rez-de-chaussée des deux bâtimens qui forment comme deux aîles d'un corps-de-logis, consiste en galeries voûtées; l'étage supérieur, en petites cellules. Il n'y a point d'auberge ici, mais l'ecclésiastique nous assigna un de ces petits appartemens, et eut soin de nous faire servir par ses domestiques. Dans le temps du pélerinage, la cour et une grande foule de peuple se réunissent ici; on fait distribuer au peuple, des tentes, de la nourriture et des aumônes. Le temps est partagé entre les exercices de religion et les plaisirs; on donne des combats de taureaux, des concerts, des illuminations; il y a même ici une salle d'opéra. L'église est petite, mais bien bâtie; les peintures de la voûte sont bonnes. Tous ces édifices sont construits sur le bord d'un précipice escarpé, contre lequel les vagues de la mer se brisent avec la plus grande fureur, et occasionnent un bruit effrayant dans les tempêtes. Une autre gouvernement que celui-ci eût d'abord fait planter une allée, mais c'est à quoi on pense le moins en Portugal; il n'y a pas un seul arbre sur ce promontoire, et à quoi servirait-il? Les journées se passent à prier, à manger et à dormir; les vents de mer tempèrent la chaleur, et on passe les soirées agréablement en plein air.

Nous retournâmes de *Nossa Senhora do*

Cabo à *Porto Brandao*, à cinq lieues de distance. La grande route est fort commode, elle est large et bien entretenue ; la contrée est fertile et agréable. Le *Lagoa de Albufeira*, nappe d'eau étroite, séparée de la mer par des dunes, est à deux lieues de *Cabo*, et s'étend jusqu'à une demi-lieue dans l'intérieur des terres ; cette eau est saumâtre et abonde en poissons. Sur ses bords, il y a un bâtiment pour la cour, lorsqu'elle vient chasser ici, en allant au pélerinage de *Cabo*. Depuis ce lac jusqu'à *Porto Brandao*, s'étend une lande couverte de sapins, comme on en rencontre communément au midi du Tage.

J'ai parlé de Sétuval, *T. I, p.* 334 *et suiv.* de mon I.er Voyage. Comme beaucoup d'étrangers visitent ce lieu, et qu'il en est parlé dans toutes les relations de voyages, je n'entrerai pas dans de plus grands détails sur cette ville. J'ai également parlé des ruines de *Troya* ou Troyes, vis-à-vis de Sétuval ; ils consistent en une file, souvent interrompue, de petits édifices, dont il ne reste que les murs du rez-de-chaussée. Ils sont construits de briques, de grès et de pierres calcaires sans aucune simétrie. Deux chemins bien battus se dirigent au bord de l'eau et paraissent enceindre une petite place ; car du côté de l'eau on voit une rangée de maisons qui paraissent être des boutiques, et qui sont parfaitement semblables. D'autres vestiges sont sans doute cachés sous la colline de sable qui se trouve dans le voisinage, et sur laquelle est située une église isolée (*huma ermida*). Le comte *de la Lippe* fit fouiller en cet endroit, et trouva, à ce qu'on prétend, une petite statue. Autrefois on a découvert beaucoup de médailles de cuivre qui datent du temps de Néron. Elles sont devenues très-rares aujourd'hui ; et ce que nous montra l'homme qui habite dans le voisinage, et qui est batelier, consistait en clous et autres pièces de cuivre informes. Les antiquités qu'on a trouvées, mais dont nous n'avons vu aucune, datent sans doute de plus loin que les vestiges d'édifices qui paraissent ne pas être très-anciens. Peut-être *Troya* n'était-elle qu'un faubourg de Sétuval. Les villes de *Sines* (et non pas *Sinos*, comme il est marqué, *T. I*, *p.* 338), *Alcazar*, *Cezimbra*, *Setuval*, entretenaient autrefois une pêche considérable ; elles exportaient même du poisson à l'étranger. Les pêcheurs furent obligés d'habiter le bord de la mer ; il fallut qu'ils préférassent l'endroit ou était située Troya, au séjour près du fleuve où se trouve Sétuval. Lorsque le commerce diminua par la suite, ils quittèrent les dunes stériles, et s'établirent à Sétuval ; ce qui aggrandit ce lieu. Voilà mon hypothèse sur l'origine de ces ruines, que je changerais volontiers contre une meilleure.

J'ai déjà observé que l'embouchure du *Sado* ou *Sadao*, près de Sétuval, est mal désignée dans toutes les cartes. Il est aussi large, près de Sétuval, que le Tage près de Casilhas, peut-être plus large encore. Il conserve cette largeur considérable pendant trois ou quatre lieues, jusqu'au château royal *Pinheiro*. Là, il se rétrécit considérablement, et devient enfin, auprès d'Alcacer, la petite rivière qui est marquée sur toutes les cartes. *Boca de Palma* est un bras navigable et l'embouchure d'une petite nappe d'eau qui, sur la rive droite, tombe dans le Sado, et porte des bateaux jusqu'à une lieue dans l'intérieur des terres. Un autre bras sur la rive gauche, vers *Omporta*, n'est navigable que pendant le temps du flux. On ne trouve plus de tourbe dans ce dernier endroit; aussi paraît-elle être de mauvaise qualité.

5.° *Additions au premier voyage par l'Estremadure.*

La route que nous suivîmes au mois de mai 1798, pour aller de Lisbonne à Coimbre, n'est pas celle qu'on prend ordinairement, car celle-ci passe par *Villafranca*. Nous choisîmes l'autre pour visiter la *Serra de Montachique*, et pour cet effet nous nous rendîmes par *Campo pequeno*, *Campo grando* (ce n'est pas un fauxbourg de Lisbonne, mais un village voisin de cette ville), *Lumiar*, *Loures*, *Montachique*, *Povoa* (et non pas *Pova*) et *Enxara*, à *Torres Vedras*. Les routes sont pavées, mais en fort mauvais état; je suis sûr qu'elles n'ont pas été réparées depuis un siècle. Les montagnes de Montachique sont d'une hauteur considérable; dans les environs de Lisbonne, on voyait croître la vigne et le bled, et celui qu'on n'avait pas encore coupé offrait de beaux épis ; dans les villages autour de ces montagnes, au contraire, on voyait fleurir les pommiers. Lorsqu'on les aperçoit quand on est en mer, ces montagnes paraissent fort hautes. Même autour de *Torres Vedras*, le climat n'est point tempéré ; on y cultive rarement des oranges, mais d'autant plus de pommes et de cerises. La petite plaine entourée de montagnes couvertes de pins maritimes et de buissons, à l'entrée de laquelle est située la ville, présente, à cause de cette diversité, un coup-d'œil agréable ; elle est variée par des champs en culture, des vignobles, des oliviers et des vergers ; les bords du *Sizandro* sont couverts de saules. Une grande route bien pavée est ombragée par des ormes et des peupliers ; au milieu de tous ces objets, on voit paraître la ville dominée par un vieux château, et un aqueduc soutenu par un double rang d'arcades. Le pays est fertile ; le produit des terres surpasse ordinairement les besoins des habitans. L'expérience m'apprit que cette contrée était froide, sur-tout pendant la nuit. Dans une belle nuit du mois de mai, je restai jusqu'à minuit à considérer les vers luisans du midi de l'Europe (*lampyris italica*). Ces jolis insectes diffèrent beaucoup des nôtres; leur lueur n'est pas continuelle, mais elle paraît par intervalle et jette un reflet rougeâtre, de façon que l'air semble être rempli d'étincelles qui paraissent et disparaissent. Je payai cet amusement par un ulcère à l'oreille, qui est cependant la seule incommodité que j'aie éprouvée pendant le cours de mes voyages.

En passant par *Obidos*, ville remarquable par un grand château et par un aqueduc de quelques centaines d'arcades, nous arrivâmes aux bains de Caldas, nommés vulgairement *Caldas da Raynha* (bains chauds de la reine). J'ai fait mention de ces bains, *T. I.* de mon I.er Voyage, *p.* 352. Les maisons sont petites et mal bâties; pourvues, il est vrai, de fenêtres, mais sans carreaux de verre. La maison des bains est construite au-dessus des sources chaudes. Après y être entré, on parvient à plusieurs salles basses où se tiennent les étrangers qui boivent les eaux, et où sont exposées diverses marchandises ; à gauche se trouve la pharmacie. Au bout de la salle du milieu, on voit la source qui fournit de l'eau pour boire ; cette eau est puisée dans des seaux, par des personnes chargées de cet emploi ; une table garnie de verres se trouve au centre de cette salle. A droite et à gauche, on voit les chambres pour les malades indigens, qui sont soignés gratuitement pendant le temps des bains. A quelques pas plus loin on parvient aux bains et aux chambres destinées à s'habiller. Une pompe ordinaire qu'un Anglais a fait construire pour son usage particulier, sert aux douches. Derrière le bâtiment se trouve un petit jardin, et plus loin un plus grand planté d'oliviers et de *tinus*, qui sert de promenade à ceux qui fréquentent les bains. La maison des bains n'est ouverte qu'à sept heures du matin. On observe une méthode bien plus sage à Caldas de Gerez, où l'on se baigne dès quatre heures du matin. Voilà tout ce que je puis dire de ces bains, qui manquent de bonnes dispositions. M. *Taverès*, auteur d'un écrit sur ces bains, dont il est mention *T. I* de mon I.er Voyage, *p.* 356, est maintenant premier médecin de la reine.

A une lieue de Caldas se trouve le *Lagoa de Obidos*, bras de mer qui s'étend dans l'intérieur des terres entre des rochers, et qui forme différentes sinuosités pendant une lieue. Depuis les collines de Caldas, cette nappe d'eau ressemble à un petit lac. Son embouchure est souvent embarassée par des bancs de sable; alors il se déborde, et on est obligé de lui ouvrir un passage. Le pays le plus agréable autour de Caldas, est sans doute la *quinta da Pietade*, située à une lieue de l'endroit, vers le nord-est. Des collines boisées, des eaux limpides, des prairies, des vignobles et des vergers agréablement variés, forment des promenades ombragées. Cette *quinta* est connue de ceux qui fréquentent les bains; on s'y promène souvent.

De Caldas nous nous rendîmes à *Sam-Martinho*, et de-là à *Alcobaça*, couvent de Bénédictins, dont tous les voyageurs parlent comme étant situé entre O-Porto et Lisbonne. J'ajouterai encore quelques mots sur la fabrique de coton et de toile qui s'y trouve. Comme je l'ai déjà observé, *Pombal* en fut le fondateur ; un particulier nommé *Oliveîra*, la dirigea jusqu'à ce qu'elle fût achetée par M. *Jean Guillot*. Les machines dont on se sert ici pour filer et carder le coton, ont été apportées d'Angleterre ; on en trouve également à *Thomar*. M. *Renard*, dont nous avons fait connaissance à Lisbonne, et qui, comme je viens de l'apprendre, a été banni du pays, a eu beaucoup de part à l'établissement de la manufacture d'Alcobaça. On s'est d'abord servi d'ouvriers étrangers ; maintenant les Portugais y travaillent. Les marchandises sont débitées en partie, dans le royaume ; on en expédie une grande quantité pour le Brésil.

La belle église à Batalha, est suffisamment connue. Il est étonnant qu'il y ait une mauvaise auberge à Alcobaça, et qu'on n'en trouve point à Batalha ; il est aisé d'expliquer les plaintes des étrangers sur les mauvaises auberges du Portugal ; car c'est sur plusieurs points où leur concours est considérable, que l'on rencontre les plus mauvaises hôtelleries. Nous fûmes reçus avec beaucoup de politesse par le prieur.

Entre Batalha et Alcobaça, est situé le bourg *Aljubarota* où se livra une fameuse bataille en 1386, entre les Portugais et les Espagnols ; c'est, après la bataille de *Campo de Ourique*, celle qui assura l'indépendance du royaume. *Nuno-Alvarez Pereira*, qui s'y distingua, est le premier père de la maison des ducs de Cadaval.

La ville de *Leiria* était autrefois grande et florissante. On a trouvé des dénombremens de l'année 1417, qui prouvent qu'elle était beaucoup plus peuplée que maintenant. A la fin du 15.ᵉ siècle, on y voyait encore des imprimeries considérables. Il est probable que l'expulsion des Juifs a été très-nuisible à cet endroit. Le combat de taureaux que nous vîmes ici, et dont nous avons parlé *T. I, p.* 370, est un des principaux du royaume. Nous arrivâmes trop tard pour voir le *brincas*, divertissement avec de jeunes taureaux que l'on ne met pas à mort, et qui est accompagné de danses. Les frais du combat de taureaux sont payés par une société d'habitans riches; aucun spectateur ne paye, pas même lorsqu'il est placé sur les tribunes. La chair des taureaux est abandonné au peuple. Dans ce jour, chacun a la permission de se déguiser, de se masquer et de s'amuser à sa manière. Des jeunes gens de condition se déguisent et se promènent masqués. Les maisons aisées donnent des fêtes et des bals; en un mot, on cherche à se divertir le plus qu'on peut.

La blancherie de Leiria, établie par un nommé *Sperling*, a non seulement cessé depuis long-temps, mais celui-ci a même été banni.

De Leiria nous nous rendîmes, par une belle route bordée de châtaigniers, à *Pombal*. C'est ici qu'est enterré M. *Pombal*, le grand marquis *(o grau marquez)*; ainsi le nomme le peuple; j'en ai parlé *T. I*, *p.* 373. Dans les archives statistiques et historiques de *Zimmermann*, *Cah. I*, *p.* 47, on en porte, sous le nom d'un politique portugais, un jugement bien différent. L'introduction de M. *Zimmermann* est fort bien écrite; la dissertation ne renferme que des jugemens sur des choses connues; elle ne contient point de faits nouveaux. On prodiguerait trop d'éloges à *Pombal*, en ne considérant que les progrès que le Portugal a faits sous son administration; on en doit une grande partie à l'esprit du temps. L'Espagne n'a-t-elle pas fait de pareils progrès sous la domination d'hommes faibles? Ne sont-ce pas les lumières qui y ont paralysé le bras de l'inquisition? On ne peut disconvenir que *Pombal* ne fût un homme doué d'un caractère ferme et de beaucoup d'énergie; mais ce fut sa haine contre la noblesse et le clergé, en un mot contre tout ce qui pouvait lui être opposé, qui lui inspira les lois qui ont été sans doute avantageuses au pays. La grêle, lorsqu'elle est accompagnée de pluie, peut de même être utile au pays où elle tombe. Au reste, il est assez singulier de lire dans cette dissertation, que les mesures de *Pombal* préservèrent le pays d'une invasion de la part des Espagnols, en 1762. Il est connu en quel état le comte *de la Lippe* trouva l'armée; on sait quelles circonstances empêchèrent les entreprises des Espagnols; la conduite des Espagnols dans cette guerre est connue; enfin on n'a qu'à bien peser toutes les circonstances, pour se convaincre que les mesures de *Pombal* ne contribuèrent nullement aux succès des Portugais. Quelle fut la conduite de *Pombal*, lorsqu'une guerre avec les Espagnols menaça le royaume, vers la fin du règne de *D. Joseph?* L'esprit d'innovation de *Pombal* est connu; malheureusement ses alentours n'avaient aucun talent; le ministre voulut et fut obligé de tout faire par lui-même. De là cette quantité innombrable de lettres non décachetées, qui dut occasionner les plus grandes injustices, et qui présente un exemple si pernicieux pour la postérité, qu'on doit regarder cette conduite comme une vraie calamité. L'auteur cité lui accorda des vues sages et des connaissances dans beaucoup de circonstances; c'est ce que prouvent aussi ses institutions. Que l'on considère celles-ci, qu'on ne porte son attention que sur les faits qui sont peu dénaturés dans l'histoire de la vie de *Pombal*, que *Jageman* a traduite en allemand, quoiqu'elle soit écrite dans un style virulent; que l'on compare cet écrit à d'autres, et on pourra porter un jugement sain sur cet homme remarquable. Lorsqu'on demande ce que fit *Pombal*, la réponse ne peut être en général qu'avantageuse pour lui ; lorsque l'on demande comment il le fit, la réponse ne pourra être que défavorable pour cet homme trop puissant.

A notre retour des provinces septentrionales nous traversâmes la partie orientale de la province d'Estremadure. Nous allâmes d'*Espinhal*, par *Venda dos Moinhos*, *Venda da Maria*, *Cabaças*, *à Thomar*. J'ai fait mention, *T. II*, *p.* 98, de la filature de coton à Thomar. Les machines ont été apportées d'Angleterre par quelques ouvriers fugitifs ; l'inspecteur de la fabrique était anglais ; il voulut de nouveau rompre son contrat et s'enfuir. Ensuite nous retournâmes à Lisbonne par la fertile plaine de *Golegan*, *Santarem*, *Cartacha*, *Azambiya*, *Castanheira*, *Villa-Franca*, *Alhandra*, *Alvera*, *Povos*, *Sacavem*. Je répète les noms de ces lieux, parce qu'ils ont été changés dans le *T. II*, par des fautes typographiques.

6°. *Second voyage, par une partie de l'Estremadure, au Monte-Junto et à Río-Major jusqu'au Zezeré.*

Dans la province d'Estremadure se trouve une chaîne de montagnes assez considérable, le *Monte-Junto*, que nous n'avions point encore visité. Nous ne l'avions apperçu que de loin, sur le chemin de *Torres-Vedras* à *Obidos*. Le Comte de *H*... s'y rendit au mois de juin 1799, visita en même-temps les salines à *Río-Mayor*, et alla par *Thomar* à *Portalègre*.

Le chemin depuis Lisbonne jusqu'à ces montagnes, remonte d'abord la rivière jusqu'à *Villa-Franca*; ensuite il se dirige dans l'intérieur du pays jusqu'à *Alemquer*, à deux lieues de Villa-Franca. Cette route est en grande partie pavée et bordée de buissons qui étaient couverts de la rose champêtre. Le pays est fertile et bien cultivé; le bord des champs présente une riche végétation, et partout il y a de l'eau en abondance. *Alemquer*, ville et chef-lieu des possessions qui appartiennent aux reines de Portugal, est située sur une colline, et ne paraît pas très-considérable.

L'endroit le plus près du *Monte-Junto*, est le petit village de *Bragança*. Pour y parvenir, on laisse à gauche le village *Otta*, dans le voisinage d'un grand marais, sur lequel on peut lire une dissertation par *Estevao Cabral*, dans le *T. II* des Mémoires de l'académie de Lisbonne. Ensuite on traverse un pays plat et inculte, et ce n'est que près des montagnes que la route s'élève. Le village de *Bragança* est situé dans un fond, derrière les premiers degrés des montagnes. On n'y trouve que quelques misérables cabarets (*tavernas*), où on ne peut pas coucher. Le curé de l'endroit, le P. *Joao Notre*, reçut le Comte de *H*.... avec complaisance. Le sommet des montagnes est à une demi-lieue et au sud de Bragança. Près de la cime, au nord, sur un plateau, se trouve la maison de neige ou *Caza de Neve*, où l'on entasse de la neige en hiver, pour la transporter en été, à Lisbonne. Le directeur de l'entreprise, qui demeure à Lisbonne, fait ramasser la neige par les habitans du village, aussi-tôt qu'elle est tombée. Ils en font des petites boules qu'ils augmentent en la roulant, les mettent dans des paniers pour la transporter dans les deux puits qui se trouvent dans le magasin à neige. Outre la neige, on ramasse ici de la glace; c'est le seul endroit, en Portugal, où l'on s'occupe de ce travail. Un peu plus bas se trouve un grand réservoir d'où l'on conduit l'eau dans des fossés; près de là est une maison, avec un jardin et des champs. Pendant la nuit, lorsqu'il fait assez froid, on laisse couler l'eau du réservoir dans les petits fossés; le matin on enlève la croûte de glace avec la neige, pour les conserver dans les puits du magasin à neige. On a remarqué que de grands volumes d'eau gèlent plus tard et pas autant que des petites masses; observation qui coïncide avec les lois chimiques, d'après lesquelles l'eau est un mauvais conducteur de calorique; elle est, à cet égard, bien inférieure à la terre.

Depuis la maison de neige on monte parmi des rochers escarpés, jusqu'à une chapelle où l'on trouve de la bonne eau, et ensuite on parvient à une église qui n'est pas achevée et qui couronne le sommet le plus élevé. La vue depuis ce sommet est très-étendue ; elle n'est bornée qu'au nord-est, par une haute chaîne de montagnes. Le *Monte-Junto* est à une égale distance de *Torres Vedras*, *Obidos*, *Rio-Mayor* et *Alemquer*; il s'étend, pendant quatre à cinq lieues du nord-ouest au sud-est; sa largeur est d'une à deux lieues. Il est plus élevé que les montagnes de Cintra, et peu inférieur en hauteur au *Lousaa*. Il est formé de pierre calcaire ; à son pied on trouve de la pierre sablonneuse. On n'y aperçoit aucun arbre, seulement quelques arbustes dans les vallées. Le tout présente un aspect désert et aride. Près du sommet nous trouvâmes l'anacycle, et sur la cime une espèce de *senecio*.

Depuis le Monte-Junto, on se rend par *Corcal*, au bourg de *Rio-Major*. A une demi-lieue de cet endroit, vers le nord-ouest, se trouve une source salée, assez considérable. Elle forme un puits de six à huit pieds de large sur vingt à trente pieds de profondeur ; l'eau est fortement salée. Près de ce puits on a creusé différens fossés dans lesquels on conduit, par des rigoles, l'eau salée pour la faire évaporer au soleil. Le sel qui s'attache aux parois est conservé dans des baraques; on en fait un commerce très-considérable à *Rio-Mayor*. Cette source est la seule du royaume qui soit salée; nous fûmes très-surpris de trouver sur ses bords une plante saline que nous n'avions remarquée nulle part ailleurs en Portugal; c'est la *ruppia maritima*. C'est une chose vraiment étonnante que des lieux isolés, dans ce pays, produisent des plantes particulières qu'on ne rencontre dans aucun autre endroit du royaume. C'est ainsi que fleurit, autour de cette source salée, le *frankenia pulverulenta*.

Le chemin jusqu'à *Santarem* est désert et ensuite montagneux; on connaît déjà le pays depuis Santarem jusqu'à Thomar. De Thomar à *Tancos* il y a trois lieues; le pays est désert et couvert de granit. Le bourg de *Tancos* est situé au bord du Tage, qui coule ici entre des montagnes peu élevées. Un peu plus haut, on aperçoit sur une île, au milieu du fleuve, un château en ruines. Vis-à-vis de *Punhete*, on passe le *Zezeré* dans un bac; ce bourg est situé à l'angle que forment le Tage et le Zezeré. Cette dernière rivière n'a que cinquante pas de large. A son retour de Castello-Branco, le Comte de *H*.... passa une seconde fois cette rivière près de *Dornes*. Elle coule parmi des montagnes pelées et schisteuses; on y trouve un peu d'alun à un quart de lieue de Dornes, sur la route de Thomar, dans une petite vallée arrosée par un ruisseau. Le bourg de Dornes est agréablement situé au milieu de forêts de châtaigniers.

Abrantes est à deux lieues de *Punhete*. On parvient d'abord à un pays cultivé et dans une plaine qui s'étend jusqu'à la rivière; ensuite on traverse des montagnes peu élevées et on arrive au bourg d'Abrantes, situé sur une de ces montagnes. Cet endroit est assez considérable; le revers des montagnes vers le fleuve est bien cultivé; mais dans l'intérieur des terres commencent les contrées désertes qui règnent jusqu'à *Castello-Branco*. Dans la dernière guerre entre les Portugais et les Espagnols, on a souvent nommé le bourg d'Abrantes, et c'est ce qui l'a fait connaître. En 1762, les opérations du Comte d'Aranda, dont le quartier général était à Castello-Branco, et ensuite à *Sarzedas*, se bornèrent aux environs d'Abrantes ; et c'est sans doute la cause pourquoi les gazetiers, dans la dernière guerre, firent marcher les troupes auxiliaires françaises à Abrantes, quoiqu'on sache qu'elles n'ont point passé les frontières.

7.° *Troisième voyage par l'Estremadure, depuis Lisbonne jusqu'à Coimbre.*

Lorsque le Comte de *H*... se rendit, en 1800, dans les provinces septentrionales, il fut obligé de traverser celle-ci pour aller de Lisbonne à Coimbre. Il profita de cette occasion pour visiter quelques endroits que nous n'avions pas vus dans nos précédens voyages.

Le 28 décembre 1799, il partit de Lisbonne pour se rendre, par *Sacavem* et *Castanheira*, à *Alcoentre*. La plus grande partie de la route traverse un pays désert ; le chemin est cependant bon. *Alcoentre* est situé dans une plaine bien cultivée et arrosée.

Ce bourg est agréable par la jolie *quinta* d'un gentilhomme; on trouve aussi, autour du ruisseau que l'on traverse derrière l'endroit, sur un pont, des prés et des buissons agréables. On aperçoit d'ici le *Monte-Junto*.

A deux lieues plus loin est *Rio-Mayor*. Le chemin passe par une contrée déserte et couverte de collines, qui serait cependant susceptible de culture à cause de l'excellence de son sol. On ne rencontre sur cette route qu'un seul village. En sortant d'une forêt de pins maritimes, on descend dans la plaine agréable et bien cultivée de Rio-Mayor, qui est entourée de collines et de forêts de sapins. Il a été question plus haut des salines de Rio-Mayor. Les habitans du village d'*Azenheira*, à une lieue de Rio-Mayor, s'occupent de la fabrication des pierres à fusil; on les trouve dispersées par fragmens d'un pied à un pied et demi d'épaisseur, dans un sable rougeâtre qui sert aux habitans à reconnaître les endroits où se trouve le silex. Il n'est pas ordinaire de rencontrer cette pierre de cette manière; il est probable que les pierres à fusil ont été détachées des montagnes calcaires voisines par les eaux, et déposées dans ce sable. Ceux qui façonnent ces pierres ne se servent d'autres instrumens que d'un fer pourvu d'un manche, long d'un pied à un pied et demi, large de deux à trois pouces, quarré par le bout, et épais de deux à trois lignes. Au moyen de cet instrument, ils cassent d'abord la pierre en plusieurs grands morceaux; puis ils façonnent les morceaux les plus convenables, en les tenant d'une main et en frappant dessus avec le fer. Tout dépend de la justesse à tenir et à tailler ces pierres. Pour rendre les bords quarrés, il faut que le coup soit appliqué avec beaucoup de justesse là où la pierre repose, entre le pouce et l'index. Les bords sont formés par des coups très-précis; et lorsqu'ils sont trop larges ou trop émoussés, on les rend pointus des deux côtés ou d'un côté seulement. Il faut beaucoup d'exercice pour ce travail, sur-tout pour ne pas se frapper sur les doigts. On façonne une pierre dans une minute, et ordinairement elle forme un quarré assez parfait. Il se trouve dans cet endroit un inspecteur, de la part du gouvernement, qui achette les pierres confectionnées pour son compte, et en empêche la vente lorsqu'il est nécessaire. Autrefois le gouvernement achetait toutes les pierres, et les ouvriers n'osaient en vendre aux étrangers que cent à la fois; aujourd'hui ils en vendent autant qu'il leur plaît, si les besoins du gouvernement ne le défendent. Celui-ci paye 2000 reis pour 1000 pierres à fusil; les étrangers payent 3 et 4000 reis. Elles sont chargées comme des marchandises, sur des mulets, et envoyées jusqu'en Espagne. On prétend que toutes les pierres à fusil dont on se sert en Portugal, proviennent de cet endroit. Un homme ne peut faconner que 200 pierres par jour; ainsi il gagne 400 reis (environ 3 liv. 4 s.). Il est naturel qu'il en tombe beaucoup d'éclats, et ceux-ci sont entassés sans qu'on en fasse aucun usage; peut-être pourrait-on s'en servir pour fabriquer du verre dans la verrerie voisine, à *Marinha grande*.

Au-delà de Rio-Mayor il faut monter une montagne élevée, formée par une pierre calcaire grisâtre et compacte. On y trouve des veines d'argile blanche; elle mérite d'être observée avec attention par un minéralogue, pour qui les environs de Rio-Mayor sont au reste fort intéressans. La route est bonne, nouvellement construite, mais mal entretenue. On n'aperçoit pas ici, comme dans d'autres parties du royaume, des amas de pierres aux côtés de la route, qui serviraient à réparer le dommage. On ne paye nulle part pour l'entretien des routes. Aux deux côtés dn chemin on n'aperçoit qu'un désert montagneux ; de temps en temps la route est bordée d'oliviers et de chênes, mais on n'y voit aucune habitation. Après avoir voyagé pendant deux lieues, on arrive à des maisons isolées, nommées *Candieiros*, où il y a une auberge misérable, mais propre. On a encore trois lieues jusqu'à Cavalhos, par un pays très-monotone, pourvu cependant de beaucoup d'oliviers qui forment une forêt d'une lieue de long. Autour de Cavalhos le pays prend un aspect plus riant ; on voit beaucoup de chênes et d'arbres fruitiers ; les maisons du village sont dispersées. On trouve ici une bonne auberge et une maison de poste pour la diligence de Lisbonne à Coimbre, établie depuis 1798 ; on voyage commodément et à peu de frais dans ces diligences. D'ici à *Leiria* il y a également trois lieues. D'abord le pays présente le même aspect, mais il devient plus riant près du village de *Calvaria*; la campagne est agréablement variée par des champs, des buissons et des ruisseaux limpides. Nous avons déjà parlé de la ville de *Leiria*.

La fameuse verrerie de *Marinha grande* n'est qu'à deux lieues de distance. Lorsqu'il a tombé de grandes pluies, le ruisseau est si considérablement grossi, que le chemin devient difficile; dans ce cas il faut retourner à *Calvaria*, et depuis ce village une belle route conduit à droite jusqu'à *Marinha*, distant de quatre lieues. Il n'est donc pas nécessaire d'aller à Leiria, mais seulement depuis *Carvalhos* à *Calvaria*, et de-là à *Marinha*. Depuis Calvaria on rencontre quelques forêts de sapins, ensuite des champs; on voyage sur une belle route, établie par les propriétaires de la verrerie. *Marinha* s'annonce par plusieurs petites maisons de paysans; ensuite on aperçoit les bâtimens de la verrerie, le jardin et la belle et grande maison. Un Anglais, nommé *Stephens*, a établi cette verrerie, et en est encore propriétaire. J'apprends qu'à force de travail il est sorti d'un état très-obscur; mais il a eu beaucoup de bonheur, et a été favorisé par la reine et plus qu'aucun autre entrepreneur de fabriques en Portugal. Autrefois tout le verre venaît de l'étranger ; les habitans de la Bohême faisaient sur-tout un commerce considérable de verreries en Portugal, et on trouve encore maintenant les restes de beaucoup de familles bohémiennes dans le royaume, qui s'établirent à cette occasion dans ce pays. Elles ne s'en tinrent pas long-temps au commerce du verre, mais y réunirent d'autres branches de négoce, et gagnèrent des sommes considérables par la contre-bande. *Pombal* fut le premier qui pensa à l'établissement d'une verrerie; mais il fit comme à l'ordinaire, on s'y prit mal pour commencer la chose; on établit une verrerie de l'autre côté du Tage, vis-à-vis de Lisbonne. Les forêts n'y sont pas assez considérables pour approvisionner une verrerie, et peuvent être employées à un tout autre usage, à cause du voisinage d'une aussi grande ville que Lisbonne, où l'on se sert par-tout de pins maritimes pour la construction. Cette verrerie cessa bientôt d'exister. Alors arriva M. *Stephens*, et son établissement a eu jusqu'à ce jour le meilleur succès.

En l'absence du propriétaire qui réside ordinairement à Lisbonne, le Comte fut reçu avec beaucoup de politesse par le directeur *Jose de Souza e Oliveira*. Des étrangers connus sont ordinairement logés chez lui; on est cependant dans l'usage d'envoyer les domestiques à l'auberge. — Le sable pour la préparation du verre se trouve en partie dans le voisinage; on en fait aussi venir une grande quantité d'Angleterre, et celui-ci est d'une beauté, d'une blancheur et d'une finesse particulières. La soude *(barilha)* vient d'Alicante; fort peu des environs de Sétuval. Cette dernière est préparée avec plusieurs plantes marines; mais elle est malpropre, noirâtre, et reconnaissable aux morceaux de charbon dont elle est mêlée; celle d'Alicante au contraire, où l'on cultive la soude, est d'un gris cendré. On fait aussi venir de la potasse de l'Amérique septentrionale. Depuis quelque temps Porto fournit du tartre. Le propriétaire reçoit gratuitement le bois de la grande forêt de sapins, le *Pinhel de Leiria* qui est dans le voisinage. Il est obligé de le faire couper et voiturer à ses frais. La verrerie ne doit employer que le bois mort ; mais comme la forêt est mal entretenue, il y en a plus qu'on n'en a besoin. Certes, lorsqu'un gouvernement donne gratuitement tout le bois à une verrerie, et qu'il établit des droits très-considérables sur l'entrée du verre étranger, une verrerie ne peut manquer de prospérer, et le propriétaire de devenir un homme très-riche. Il ne fait cependant pas ce qu'on aurait droit d'attendre de lui; le verre est de mauvaise qualité, et n'a ni la dureté, ni l'éclat du verre étranger; il se casse facilement. Il faut que cela tienne à la manière de le préparer, parce que les matériaux, le sable d'Angleterre et la soude d'Alicante sont fort bons. Ce jugement sur l'établissement de M. *Stephens* diffère de celui que j'ai porté dans le *T. II*. A cette époque nous n'avions pas encore visité *Marinha*.

La forêt de sapins de *Leiria*, connue sous le nom de *Pinhel da Leiria*, dans tout le royaume, fut plantée par le grand roi D. *Diniz*, à la fin du 13.e siècle, ainsi dans un temps où nos ancêtres étaient encore barbares. Elle est située vers la mer par rapport à *Marinha*, est longue de six lieues, large de deux, et consiste sur-tout en pins maritimes. Depuis qu'elle est plantée, on n'a rien fait pour sa conservation; si on ne remplace pas les vieux arbres par de nouveaux, elle sera bientôt épuisée. Le bolet vivace (*boletus piniperda nob.*) cause de grands ravages dans cette forêt. Il s'attache là où sortent les branches; peu-à-peu il acquiert la grandeur d'un pied et au-delà, et occasionne, lorsque sa racine pénètre, un écoulement de sève qui détruit l'arbre. Il est hors de doute qu'en éclaircissant convenablement cette forêt, on aurait bientôt remédié au mal.

Outre les deux promontoires, les environs autour de *Cabo de Rocca* et *Espichel*, qui ont un caractère particulier dont nous avons parlé plus haut, l'Estremadure est formée par une chaîne de montagnes calcaires élevées et fertiles; vers la mer on aperçoit des montagnes de grès, peu élevées et moins fertiles. Les dunes sur le bord de la mer sont très-étroites ; de là provient la fertilité de cette province.

CHAPITRE V.

LA PROVINCE ALEMTEJO.

1.° *Elvas. Observations sur l'administration judiciaire en Portugal.*

Les frontières naturelles de la province d'Alemtejo sont, vers le nord, le Tage, et au midi la haute chaîne de montagnes qui la sépare des Algarves. Les frontières politiques ne sont pas les mêmes. La *Comarça* de Sétuval et une petite étendue de pays autour de *Chamusca*, *Almerim* et *Salvaterra*, font partie de la province d'Estremadure. La province d'Alemtejo est en général si uniforme, qu'il est aisé d'en donner une description. Les plaines vers le fleuve sont sablonneuses, couvertes de forêts de pins maritimes, de bruyères et de cistes, parmi lesquels ceux qui portent une fleur jaune, sont les plus fréquens. J'ai parlé de ces landes, *T. I*, *p.* 195. La plus grande partie de cette province est formée par des collines ou des montagnes de grès feuilleté, couvertes de *ladanum*; ce qui la rend un désert aride et uniforme. Cet arbuste tient lieu de forêts dans ce pays, car il fournit le bois à brûler et le charbon, et peut-être qu'un Portugais ne trouverait pas moins monotones et tristes les grandes forêts de sapins dans le nord. De cette espèce de mer sortent des îles, des plateaux de montagnes dispersés de granit et de pierre calcaire, comme les environs de Beja et d'Evora, et les cantons d'Elvas et d'Estremoz. Partout où il y a du granit, on trouve de l'eau et une riche végétation. Les montagnes calcaires sont plus fertiles que celles de pierre sablonneuse ou de grès. De beaux champs de froment, des bouquets épars de chênes verds, des habitations dispersées, rendent ces contrées fort agréables. Ce n'est que dans la partie nord-ouest de la province que l'on voit des forêts de châtaigniers sur les montagnes. Une chaîne de montagnes calcaires, la *Serra de Arrabida*, s'élève des landes près de la mer, et forme le *Cabo Espichel*.

C'est par une de ces belles contrées granitiques qu'on entre dans le royaume en venant de Bajadoz, après avoir passé la petite rivière *Caya* (et non pas *Cayo*). La frontière n'était point gardée ; du côté du Portugal, on trouve, à droite du chemin, une petite maison. On aperçoit la forteresse d'Elvas depuis Bajadoz, comme un amas de maisons blanches situées sur une colline couverte d'oliviers. Nous comparâmes le Portugal à l'Espagne, et notre jugement fut en faveur du premier pays, parce que notre attente fut surpassée. L'Espagnol dit : le Portugal est un pays affreux, les chemins y sont impraticables ; les maisons sont si mauvaises, qu'on aperçoit les étoiles dans son lit ; la nation est fausse et rampante. L'Espagnol a raison, les chemins ne sont pas faits pour des voitures ; dans beaucoup d'auberges, le toit est formé par des roseaux qui laissent pénétrer la lumière, mais point la pluie. J'admets que la politesse des Portugais coûte souvent de l'argent ; mais la grossièreté des Espagnols le prend aussi, et j'aime mieux perdre mon argent par des flatteries que par des menaces.

On écrivit nos noms à la porte avancée de la forteresse d'Elvas. Accompagnés d'un garde et munis de notre laissez-passer, nous fûmes conduits à la porte intérieure, et de-là au corps-de-garde. L'officier nous fit mener d'abord chez le *Corregedor*, ensuite chez le *Juiz de Fora*, mais tous les deux étaient absens. Alors nous fûmes conduits chez le *Governador*; mais il ne voulut pas s'occuper de passeports civils, et nous dit d'aller où il nous plairait. C'est ainsi que nous entrâmes dans ce pays sans aucune difficulté. La douane était fermée, parce que c'était un dimanche; mais le soir nous achetâmes pour un *cruzado novo* (4 francs), à l'*Escrivaõ da Alfandega*, une *guaia* ou laissez-passer; et nos effets ne furent point visités. Du côté du Portugal, on n'est pas très-sévère à l'égard de la douane; les villes frontières, ainsi que tout le royaume, gagnent beaucoup par la contrebande avec l'Espagne. Il n'y a que quelques objets manufacturés, par exemple, des mouchoirs de soie, qui entrent en fraude dans le pays, au préjudice du Portugal ; mais ils sont ordinairement accompagnés de piastres : l'Espagne reçoit en échange, au préjudice de ses manufactures, du tabac en poudre, des cotonades et des marchandises anglaises. *Fischer*, dans son Voyage en Espagne, parle avec beaucoup de détail de ce commerce de contrebande. Nous rencontrâmes bientôt deux contrebandiers, un seigneur bien armé et son domestique, que nous reconnûmes aussitôt à leur air méfiant. A *Arrayolos*, on parlait cependant aussi publiquement d'eux comme contrebandiers, qu'en Espagne, des brigands.

Elvas, comme la plupart des villes du Portugal, a des maisons en pierre qui sont peintes en blanc, et présentent un coup-d'œil agréable. Il y a une citadelle dans la ville, mais elle ne se nomme pas de *Santa-Luzia*, comme le dit *Busching* ; à une portée de fusil de la ville, est situé le fort de *Santa-Luzia*, sur une colline qui domine la ville. Le fort de *Lippe* est situé sur une autre colline. La forteresse était gardée par cinq régimens. Elvas est la meilleure forteresse du royaume ; dans toutes les guerres avec l'Espagne, et même dans la dernière, elle a toujours été bloquée. Le superbe aqueduc *os arcos de Amoreira*, à l'ouest, repose sur quatre rangs d'arcades. *De Lima* et *Busching* n'en citent que trois; *Colmenar* au contraire, cinq; le nombre moyen est par conséquent le véritable. J'ignore dans quel temps et par qui cet aqueduc a été construit. Il s'élève majestueusement dans la charmante vallée couverte de champs de froment, et ombragée par des oliviers.

J'ai parlé, *T. I*, *p.* 172, de l'administration judiciaire en Portugal; j'y ajouterai encore quelques observations. Le *Corregedor*, ou juge suprême de chaque district, prononce en seconde instance; on peut appeler de ses jugemens aux deux tribunaux supérieurs du royaume; on ne peut interjeter appel que sur des affaires de peu de conséquence. Non-seulement il peut suspendre de leurs fonctions les *Juizes de Fora*, mais il peut les faire emprisonner. Il est tenu de faire chaque année une tournée dans son Corregimento. Le roi D. *Fernando* institua les *Corregedores* en 1372. Ce roi est du nombre des princes éclairés qui gouvernèrent le Portugal avant la domination des Espagnols, et cette institution lui fait honneur. Le titre de *Corregedor* n'est usité que dans les districts royaux en Europe, et dans les îles, c'est-à-dire, à Madère et aux îles Açores; dans les districts des *Donatorios*, on le nomme *Corregedor Ouvidor*, et dans les colonies simplement *Ouvidor*. Les *Donatorios* sont maintenant réunis à la couronne, c'est-à-dire, la maison de Bragance, la maison *do Infantado*, le grand prieuré de *Crato* et la maison de la reine. On a cependant assigné à chacune un département particulier qui nomme aux places de juges. Dans les provinces de la couronne proprement dites, la *Meza do desambargo do Paço* en est chargée. Le *Corregedor* est souvent à la fois *Provedor*; deux *Corregimentes* sont quelquefois sous un seul *Provedor*, comme c'est le cas dans les Algarves.

Après les *Corregedores* viennent les *Juizes de Fora* (juges étrangers), qui prononcent en première instance dans toutes les affaires civiles et criminelles. L'histoire des *Juizes de Fora* est obscure; on n'en connaît point exactement l'origine. Ce n'est que depuis le grand roi *D. Manoel* qu'on en a établi dans toutes les villes. Ils n'occupent leurs fonctions dans le même endroit que pendant trois ans, au bout desquels on les transfère dans des villes plus considérables; on les nomme aussi à la place de *Corregedores* et à d'autres charges. Souvent on les confirme dans leur emploi; c'est une espèce de disgrace, et on regarde le lieu de leur résidence comme un exil. Le *Juiz de Fora* de Monchique se plaignit à nous de ce que depuis neuf ans il résidait dans cette ville éloignée, dont les environs agréables n'étaient qu'un faible dédommagement des plaisirs de la capitale. La translation des *Juizes de Fora* est une institution très-sage; on a cherché à empêcher par-là les liaisons avec les habitans du lieu, l'influence de famille et la partialité. Dans les grandes villes il y a deux *Juizes de Fora*, dont l'un est chargé des affaires civiles (*Juiz do civel*), et l'autre des affaires criminelles (*Juiz do crime*). Outre ces juges il se trouve dans chaque endroit une *Camara*, qui est un reste des anciens magistrats des villes, mais qui est fort bornée; elle a la surveillance des biens communaux.

En général, nous n'avons pas à nous plaindre des *Corregedores* et des *Juizes de Fora*; il ya parmi eux des hommes aimables et instruits. Comme ils doivent avoir étudié plusieurs années à Coimbre, ils sont assez éclairés; et s'ils n'ont pas de connaissances, ils cherchent cependant à prouver leur amour pour les sciences. Nos occupations de faire des recherches sur les produits naturels, ne les surprirent point; souvent ils nous ont donné des notions à ce sujet, pour nous prouver qu'ils n'étaient pas tout-à-fait étrangers aux sciences. Dans les petites villes le *Juiz de Fora* fait partie de la bonne société de l'endroit; et le nombre de jeunes gens qui sont répandus dans le pays par l'occupation de ces charges, y donnent un ton qu'on ne s'attend pas à trouver dans des lieux éloignés des grandes villes.

Nous n'avons rencontré des juges du pays (*Juizes da terra*) que dans les petites villes éloignées ou dans les grands villages, nommément à *Cabo S. Vicente*. Ils sont élus par les habitans, et confirmés par le gouvernement; ce sont pour l'ordinaire des habitans du lieu ou des gens de la campagne. Il paraît que cette institution est primitive, et il est à présumer que tous les endroits avaient leurs juges du pays avant d'en recevoir d'étrangers. Un étranger éprouve beaucoup plus de difficultés avec ces gens ignorans et fiers de leur emploi qu'avec les *Juizes de Fora*; souvent ils donnent lieu à des scènes très-plaisantes. Dans le village *Bem Safrim*, où un pareil juge demanda nos passeports, on lui montra la *portaria*, dans laquelle il était ordonné de nous donner tous les secours, avec prière de nous assigner un gîte. Aussitôt ce juge s'enfuit, se cacha et ne reparut plus.

La ville de Lisbonne a, comme de raison, plus de juges qu'une autre; elle est divisée en trois arrondissemens, de *Alfama*, *do Mejo* et de *Bairra alto*, dont chacun a un *Corregedor* et un *Juiz dos Orfaos*: ces derniers sont sous les ordres du *Provedor dos Orfaos*. En outre, il y a pour les affaires criminelles six *Corregedores do crime*, en y comprenant celui de

Belem ; et sept *Juizes do crime*, pour lesquels la ville est divisée en plusieurs sections. On voit par-là qu'il ne manque pas de gens de justice.

Le *Juiz de Fora* a sous ses ordres plusieurs juges subalternes, sur-tout dans les grandes villes, les *Vereadores*, les *Meirinhos*, et l'*Alcaide* (*Alcade* des Espagnols). Ils sont tous habitans de l'endroit, et n'ont point fait leurs études. Ils se suivent dans l'ordre que nous venons d'indiquer; et, plus ils sont subalternes, plus ils sont ignorans et grossiers. Comme dans l'absence du *Juiz de Fora* ils sont chargés de ses affaires, un voyageur doit les craindre. J'ai rapporté, *T. II*, *p.* 108, une scène que nous eûmes avec l'*Alcaide* de *Cezimbra*. Les *Vereadores* furent ceux qui nous traitèrent avec le plus de politesse.

Un étranger doit sur-tout se garder des *Escrivaes* (écrivains). Ce sont des employés de la justice qui, à la vérité, n'ont point étudié, mais qui s'instruisent dans les formes judiciaires comme nos notaires; ce sont eux qui questionnent les étrangers. On les rencontre toujours au nombre de deux dans le service : l'un fait les questions ; l'autre accompagne le premier, et porte une épée nue sous son manteau (*Escrivao das armas*). Les magistrats laissent trop de liberté à ces fripons, soit par paresse, soit pour toute autre cause. On apprendra à les connaître par l'événement rapporté *T. II*, *p.* 102. Ils tombent sur les étrangers comme sur une proie qui leur appartient ; je ne me rappelle aucune circonstance où ils aient fait leur demande avec politesee.

Les *Corregedores* et les *Juizes de Fora*, protégés par le gouvernement, ont su réunir toutes les branches de l'autorité, et sont devenus par-là d'excellens instrumens du despotisme. Presque toujours étrangers à l'endroit où ils sont placés, ils n'ont d'autres vues, d'autre intérêt que de captiver la faveur de leurs supérieurs. Leur translation d'un endroit à un autre est la cause que ces juges passagers ont fait ce que firent les moines, indépendans dans les lieux de leur résidence, pour leur chef ecclésiastique. Le gouvernement s'en est aperçu et a augmenté leur pouvoir; le militaire dans les provinces leur est même subordonné dans toutes les affaires civiles; car il n'y a que trois régimens à Lisbonne qui aient leurs juges particuliers : on a été jusqu'à charger ces juges du recrutement de l'armée. En 1798, lorsqu'on chercha à augmenter l'armée, les *Juizes de Fora* reçurent des ordres pour enrôler tous les jeunes gens dans les villages, et les faire conduire aux différens régimens; le gouvernement récompensa leur zèle par l'ordre du Christ ou d'autres distinctions.

La sévérité qui, par cette institution, est exercée sur le pays, est très-grande. Pendant le cours de nos voyages nous n'avons pas traversé de ville ou de bourg où nous ne fussions obligés de montrer nos passeports et de nous faire conduire chez le juge; ce n'est que dans les grandes villes que nous fûmes exemptés de cette formalité. A Evora et à Coimbre personne ne s'inquiéta de nous, et à Lisbonne on pouvait rester très-long-temps sans que le gouvernement y fît attention. Ce ne fut qu'à *Sacavem*, à une lieue de la capitale, où l'on passe la rivière, qu'on nous demanda nos passeports : mesure très-inutile, car on peut entrer dans la ville sans passer par cet endroit. Ainsi la capitale est l'asile de tous les vagabonds du royaume; ce qui donne une mauvaise réputation à la nation chez les étrangers, qui n'observent que ce qui se trouve le plus près d'eux.

Mais d'un autre côté il ne faut pas méconnaître l'utilité de cette rigueur; le pays est par-là purgé des brigands, et on y voyage plus sûrement que dans aucune autre contrée de l'Europe. On n'entend parler de brigands qu'à Lisbonne ou vers les frontières d'Espagne. Les *Juizes de Fora*, la plupart jeunes et courageux, ont bientôt donné la chasse et exterminé les brigands. Dans l'été de 1798, la recette du monopole du tabac à O-porto fut enlevée sur la route de Lisbonne, dans les environs de Pombal. Aussitôt on prit les mesures les plus sévères; aucun Portugais ne pouvait voyager sans un passeport du *Corrégedor*; aucun étranger, sans un passeport de l'intendant de la police ou du secrétaire d'état. Si on ne trouvait point de passeport ou s'il n'était pas en règle, le voyageur était aussitôt mis en prison. Des paysans armés parcouraient les grandes routes et arrêtaient chaque passant. Dans le même jour tous les endroits furent cernés et visités. Ces mesures eurent le succès desiré ; on se saisit bientôt des auteurs du vol. Il était fort désagréable, sur-tout pour un étranger, de voyager dans le pays ; car partout on était exposé aux insultes des *Escrivaes*. A Viseu, je voulus passer le soir d'une auberge à une autre ; je fus aussitôt saisi par un *Escrivao* qui voulut m'emmener. Ce fut avec peine que je parvins à le faire entrer dans la maison pour examiner mon passeport, qui avait déjà été visé par le *Corrégedor*.

La surveillance était beaucoup plus grande, lorsqu'au commencement de la révolution française on craignait partout les émissaires jacobins. *Brotero*, professeur de botanique à Coimbre, herborisa à cette époque à *Arronches*, dans l'Alemtejo, à peu de distance des frontières d'Espagne. On le prit pour un jacobin qui voulait s'introduire dans le pays à la faveur de son habit de prêtre, et on le mena chez le *Juiz de Fora*. Il en appela à son accent portugais, à sa connaissance du pays; ce fut en vain, on l'enferma dans un noir cachot, où il resta quelques jours jusqu'à ce qu'on l'eût réclamé de Lisbonne, et qu'on eût prouvé son innocence. Cet homme un peu hypochondre, qu'on avait déjà soupçonné de conspiration dans sa jeunesse, fut vivement pénétré de cet accident; il en parla souvent, et son imagination se représentait toujours les images de ce traitement injuste.

On se plaint généralement de ce qu'on fait languir les prisonniers dans les cachots avant que leur affaire n'ait été informée. C'est un défaut dans l'administration judiciaire et une négligence coupable de la nation. L'oppression du pauvre, l'indulgence envers le riche oppresseur, sont un autre défaut capital de la justice portugaise, qui donne lieu aux plaintes les plus amères. Les vices secrets ne sont pas corrigés par des lois ou des ordonnances; il faut qu'une nation soit éclairée pour les abolir.

C'est à dessein que j'ai parlé en détail des employés subalternes de la justice, parcequ'ils ont la plus grande influence sur le peuple, et qu'il en est rarement parlé dans les écrits, qui ne font mention que des tribunaux suprêmes. Le Portugal a, comme on le sait, deux tribunaux d'appel. Le premier est la *Relaçao do Porto* pour les trois provinces septentrionales ; on peut cependant en appeler au tribunal suivant, dans les affaires qui ne passent pas 250,000 millereis en immeubles, et 350,000 millereis en biens meubles. Les juges se nomment *Desembargadores dos Aggravos*, ou simplement *Aggravistas*. Le tribunal d'appel, pour les trois provinces méridionales, et dans les cas susdits pour tout le royaume, est la *Casa de Supplicaçao*, à Lisbonne. Dans les deux tribunaux il y a des assesseurs particuliers pour les affaires criminelles, pour celles qui concernent la couronne, etc. Les auditeurs ou conseillers titulaires portent le nom singulier d'*Extravagantes*. Le nombre des avocats est très-grand, et l'on peut juger par-là que la justice n'est pas bien administrée. Ils n'ont cependant pas leurs écharpes dans les rues, comme à Madrid. Le droit romain a été aboli sous *Pombal*, et il y a même une peine pour ceux qui le citent. On se sert des anciennes lois du pays, qui ont été réunies en un code par différens rois, et en dernier lieu par D. *Joao V*, en 1747. Une *junta ordinaria* et une *junta plena* ont été établies depuis le commencement du règne actuel, pour la révision et la censure d'un nouveau code civil; mais ils n'ont encore rien publié.

Outre les deux tribunaux suprêmes en Portugal, il y a des tribunaux d'appel ou *Relacaos* à *Rio de Janeiro*, *Behia de Todos os Santos*, et à *Goa*. Ils sont présidés, outre le chancelier, par le *Governador*; les assesseurs se nomment *Desembargadores*.

Un tribunal très-important est la *Meza do Desembargo do Paço*; traduit littéralement, *Table des affaires du Palais*. Il nomme, sous les auspices du régent, aux places de juges dans tous les anciens districts royaux et dans les colonies, et les assesseurs des deux tribunaux suprêmes; il règle les différends entr'eux, ainsi que ceux de la justice ecclésiastique et laïque; il explique les anciennes lois et promulgue les nouvelles; en un mot il est chargé des affaires les plus importantes de l'administration intérieure du royaume. Cette *meza*, son assesseur, l'intendant de la police, et les ministres, sont les vrais souverains du pays.

Chaque ville, soit qu'elle porte le titre pompeux de *Cidade*, ou seulement celui de *Villa*, est entourée d'un territoire (*termo*), qui consiste en villages et en maisons dispersées, et qui est soumis aux mêmes juges. Le nombre des villes est considérable ; il y en a beaucoup que nous ne nommerons que des bourgs ; cependant il ne faut pas toujours traduire *Villa* ainsi, parce que, comme en Espagne, il y a de très-grandes *Villas*. Le nombre des maisons dispersées dans le pays est encore très-grand, sur-tout dans l'Alemtejo et dans le Minho. Le nombre des villages, et sur-tout des grands villages, est au contraire peu considérable. On traverse plutôt dix *villas* qu'un seul village, au lieu qu'en Espagne, on trouve plus rarement des villes et d'autant plus de villages (*pueblos*). Les Portugais n'ont pas même un mot dans leur langue pour désigner un village, comme je l'ai déjà observé, *T. I, p.* 170 ; car l'expression *povo* n'est qu'une traduction peu usitée de *pueblo*, et une *aldea* est souvent une *villa* considérable. Dans le nord du Portugal il y a des communes nommées *Concelhos* ; de petits endroits ou des jurisdictions particulières portent des noms différens. Ils se nomment *Coutos* (*loci cauti* , autrefois asyle), lorsqu'ils appartiennent à des couvens ou à des chapitres, et autrement *Julgados*, *Behetrias*, *Honras*. Il suffit de savoir que les historiens portugais eux-mêmes sont ignorans sur la différence des derniers et leur dénomination. Il est aisé de se convaincre quelle influence cette foule de petites villes pourvues de leur propre jurisdiction, et le petit nombre de villages doivent avoir sur la nation. Il est clair qu'on bannit par-là ce que nous nommons *rusticité*, et par un jeu de mots qui n'altère cependant en rien la vérité, on peut affirmer que *l'urbanité* est très-grande en Portugal.

2°. *Elvas. Le militaire portugais.*

Dans l'histoire des guerres du Portugal, aucun endroit n'est aussi souvent cité que Elvas ; ainsi, il me paraît convenable de parler, à cette occasion, du militaire portugais.

18...

Une guerre nouvelle, quoique de courte durée, entre l'Espagne et le Portugal, a fait porter l'attention pendant quelque temps sur le Portugal, et a donné lieu, comme c'est l'ordinaire, à des jugemens vrais et faux. Au reste, il s'est opéré quelques changemens que je dois mentionner; on m'excusera donc si je reviens encore une fois sur cet objet.

En comptant les régimens dont nous avons donné la liste *T. I, p.* 180, on ne trouvera que 26 régimens d'infanterie, 13 régimens de cavalerie, 4 régimens d'artillerie, une légion de hussards et le corps d'ingénieurs, quoiqu'on cite dans les statistiques 28 régimens d'infanterie. La raison en est qu'on y comprend les deux régimens de la marine que j'en avais exclus. Ceux-ci ont éprouvé depuis peu une nouvelle organisation; d'abord on les licencia et on forma une brigade de six mille hommes, composée d'un tiers d'artillerie, d'un tiers de fantassins et d'un tiers de matelots; elle porta le nom de *brigada real da Marinha*. La plupart des soldats des deux régimens de la marine furent incorporés dans cette brigade. Cet arrangement déplut au duc *de la Foës*, sur-tout la suppression de deux régimens qui avaient fait partie de l'armée, et l'introduction d'une nouvelle espèce de milice par la volonté du ministre de la guerre, qui était sous les ordres de l'amirauté et qu'on avait par conséquent soustrait à son commandement. Il fit tant qu'au bout de deux ans on forma, des restes des deux régimens de la marine, un seul qui, au lieu d'être appelé *de réal Armada*, se nomme *regimento do Lisboa*. Il faut donc compter maintenant 27 régimens d'infanterie.

Je ne puis donner au juste le nombre de troupes; il y a tout au plus 38 à 39000 hommes. Ces forces sont bien peu considérables pour garder les frontières étendues d'un pays étroit, contre l'Espagne, puissance qui, dans la dernière guerre avec la France, a mis 80,000 hommes sur pied, et qui a déjà reçu, dans ses guerres avec le Portugal, deux fois des troupes auxiliaires de la France. L'Angleterre même ne pourrait pas garantir le Portugal aussi-tôt que la France et l'Espagne réunies voudront subjuguer ce petit royaume. Chaque Portugais en est convaincu;

conviction qui est propre à abattre le courage d'une armée. Le nombre de places fortes sur les frontières affaiblit tellement l'armée portugaise par les garnisons dont il faut les pourvoir, que dans tous les cas les Espagnols sont supérieurs en nombre aux Portugais. Le Portugal n'a que deux remparts à opposer à l'Espagne, la grande sécheresse des montagnes arides sur les frontières, et les inondations des torrens en hiver. Ces dernières terminèrent la campagne de 1762.

Les troupes portugaises ne sont point en apparence aussi mauvaises qu'on le croit ordinairement, et je persiste à dire qu'un officier prussien n'aurait pas désavoué pour camarades ceux de la garnison d'Elvas. Les troupes à Elvas sont supérieures à celles qui forment la garnison espagnole à Badajoz. Il est vrai, ce que m'a observé un critique fort judicieux, que les meilleures troupes portugaises se trouvent à Elvas, et les plus mauvais soldats espagnols à Badajoz. Je sais que les officiers espagnols regardent Badajoz comme un lieu d'exil; mais les troupes portugaises, dans d'autres lieux, à Lisbonne, aux Algarves, etc.

n'étaient pas mauvaises. On leur fait souvent passer la revue; il y en eut une en 1798, près de *Castanheira*, entre Santarem et Lisbonne. La cavalerie me parut cependant moins bonne que l'infanterie. Elle est montée sur des chevaux entiers, comme je l'ai observé dans le premier volume; c'est une chose qui étonnera les habitans des pays septentrionaux, qui ne savent point que dans ces pays méridionaux les chevaux entiers de la belle race originaire d'Afrique ont de l'ardeur, mais sont plus faciles à dompter et à conduire que dans nos contrées froides. On m'a dit, et *Bourgoing* prétend la même chose de la cavalerie espagnole, que ces chevaux deviennent plutôt poussifs que ceux de la cavalerie française, allemande et anglaise.

Le Portugal a une milice très-considérable qui est divisée en 43 régimens, dont chacun a son colonel. Le Minho en fournit 8, la *partido d'O-Porto* 4, le Traz os Montès 8, Beira 7, Estremadure 8, l'Alemtejo 8, et les Algarves 3. Il est vrai que tous le pays est armé, mais cette milice n'est pas exercée.

Les colonies du Portugal pourvoient elles-mêmes à leur défense. Les régimens que j'ai cités *T. I*, *p.* 182, sont formés par les naturels du pays, et doivent être en bon état. Il faut y ajouter, comme en Portugal, une milice provinciale qu'on lève lorsque les circonstances l'exigent. Il y a encore quelques régimens européens au Brésil, comme je l'ai déjà observé; mais ils ne furent envoyés que pour prévenir une révolte au commencement de la révolution française. Le ci-devant ministre de la marine, *D. Rodrigo de Sousa Coutinho*, a fait ordonner qu'aucun officier dans les colonies ne pût obtenir un congé pour venir en Portugal, et ceux qui se trouvaient dans ce pays ont été obligés de se rendre à leur poste. Ainsi, mon observation à l'égard du régiment de Mosambique, qu'on pourrait étendre plus loin, est maintenant inutile. Les colonies portugaises, comme celles de l'Espagne, ne seraient pas faciles à envahir par les puissances étrangères; le Portugal et l'Espagne n'ont rien à craindre d'elles relativement à leurs colonies; mais ce qu'ils ont à redouter, c'est que ces vastes et riches contrées qui se peuplent journellement, ne se déclarent indépendantes. Si les Français fussent arrivés au commencement de la révolution au Brésil, ils auraient soulevé ce pays; plus tard, ils étaient connus.

La situation du Portugal dans la dernière guerre était très-critique. Les succès inattendus des républicains français, la manière dont ils traitèrent leurs ennemis, mirent le Portugal, ainsi que d'autres petits états, près de sa ruine. S'il se réunissait comme l'Espagne avec la la France, il était séparé du Brésil par les flottes anglaises; et qu'est-ce que le Portugal sans le Brésil? Il y avait donc du danger de part et d'autre; et aussitôt que la France eut conclu la paix et une alliance avec l'Espagne, se réveillèrent les deux partis dans le gouvernement portugais, le parti anglais et le parti français, qui ont toujours été opposés. La guerre de deux partis à la cour est, comme on le sait, conduite d'une manière toute particulière; et ainsi que dans une bataille une haie ou un ruisseau décide souvent du succès, c'est souvent ici une chose bien moins importante encore. En un mot, le parti français l'emporta lorsqu'en 1797, on fit la paix entre le Portugal et la France; le parti anglais, lorsqu'elle ne fut point ratifiée. L'or et l'Espagne protégèrent le Portugal jusqu'à ce que la France eût, en 1799, assez d'embarras avec ses autres ennemis.

Les circonstances devinrent de nouveau très-critiques, lorsque la France, sous *Bonaparte*, remporta la victoire sur tous ses ennemis du continent, et que l'Espagne, qui ne craignait plus comme auparavant, menaça sérieusement. On pouvait s'attendre cependant que l'Espagne ne desirait pas la ruine du Portugal, pas même que ce royaume fût affaibli. Le gouvernement français, qui pensait avec plus de modération, ne demanda que de l'argent, et le Portugal en possède en quantité, sinon dans le moment, du moins pour l'avenir, dans ses mines d'or. La France et l'Angleterre se rapprochèrent ; alors on vit éclater un simulacre de guerre. Malgré qu'un jeune prince vînt en Portugal, auquel son courage de chasser les Français du pays à la tête d'un corps qu'il avait levé lui-même, fait honneur, ce fut cependant le vieux Duc *de la Foes*, partisan déclaré des Français, qui conduisit les troupes portugaises contre l'ennemi. Les Espagnols envahirent, comme à l'ordinaire, la province d'Alemtejo, bloquèrent Elvas, et assiégèrent *Campo-Mayor*, forteresse autrefois importante, mais qui a été ruinée par l'explosion d'un magasin à poudre, en 1762, et qu'on n'a pas reconstruite. La petite garnison portugaise soutint, pendant trois jours, le bombardement avec courage, et capitula ensuite. Ce fut le seul événement de toute cette guerre. L'armée portugaise se retira, les Espagnols la poursuivirent, et poussèrent leurs avant-postes jusqu'à *Montemor a novo*. A Lisbonne où il était en général défendu de parler de cette guerre, on ne craignait rien, et rien n'était encore désespéré. L'armée espagnole avait à dos l'importante forteresse d'Elvas, et entr'elle et la capitale un large fleuve qui porte des vaisseaux de guerre, et l'armée française n'était point encore entrée en Portugal. Une prompte paix termina cette mascarade.

L'Espagne a été facile à satisfaire; elle s'est contentée de la forteresse d'*Olivenza* et de son petit territoire, qui est situé sur la rive gauche de la Guadiana, et enclavé dans le territoire Espagnol. On a détruit par-là un repaire de contrebandiers, et sous ce rapport cet endroit est important pour l'Espagne. On doit être surpris cependant que l'Espagne n'ait pas demandé le territoire sur la rive gauche de la Guadiana, autour de *Mourao*, *Moura* et *Serpa*, pour avoir des frontières naturelles de ce côté, et empêcher la contrebande qu'on y fait.

D. *Joao Carlos di Bragance*, duc *de la Foes*, généralissime de l'armée portugaise dans la dernière guerre, naquit en 1719. Son père était D. *Miguel*, fils légitimé du roi D. *Pèdre II*. D. *Joao* déplut à *Pombal*, parce qu'il était parent du roi D. *Joze*, et par-là dangereux au ministre. On dit qu'il a blâmé la sévérité contre les révoltés d'O-Porto, lorsqu'on a établi dans cette ville la compagnie pour le commerce du vin, et qu'il en parla au roi; du moins peu de temps après, il obtint la permission de voyager. Il se rendit d'abord à Londres, ensuite à Vienne où il était fort estimé de *Marie-Thérèse*; il y resta jusqu'à ce qu'il fût rappelé par la reine ıctuelle, après la chûte de *Pombal*. Son crédit ı toujours été très-grand depuis ce temps; ;'est un homme éclairé qui, sous un gou-'ernement comme celui de la reine, a bien nérité de sa patrie. S'il n'a pas acquis une ;loire militaire, si peut-être il ne le pouvait ɔas, il faut toujours considérer qu'il ne l'a amais voulu.

Celui qui connaît l'histoire du Portugal loit savoir comment et pourquoi l'esprit mi-itaire de ses soldats se perdit. La domination espagnole a sur-tout corrompu la noblesse; elle l'attira en Espagne et la gagna par dif-férens moyens. Lorsque le duc de Bragance monta sur le trône, on ne pouvait pas se re-poser sur la noblesse en partie envieuse, et même pas pendant la guerre suivante avec l'Espagne. La nation avait encore de l'énergie à cette époque; on pensa, pour la première fois, à nommer un étranger chef de l'armée, et le fameux *Schomberg* fut choisi; ce fut alors qu'on vit des troupes anglaises auxi-liaires. La bataille d'*Ameixal* sauva le Por-tugal; les Anglais culbutèrent les Espagnols, mais la cavalerie Portugaise fut repoussée par celle des Espagnols. *Schomberg* envoya dire au général des Portugais, le marquis *de Villaflor*, de faire avancer ses gardes. On le trouva dans une gorge de montagnes, où il jurait de ce que la bataille avait été engagée sans son consentement, et il dit qu'il ne s'en mêlerait point. Mais un colonel portugais s'embarassa fort peu du général; sur la demande de *Schomberg*, il conduisit un régiment contre l'ennemi, et décida la défaite des Espagnols. La nation fut mêlée contre son gré dans la guerre de succession de l'Espagne; un roi faible, prodigue et dévôt, ne put pas rendre son énergie première à la nation; et c'est de là que date la décadence du militaire. *Pombal* opprima le militaire, parce qu'il redoutait la noblesse, qui avait beaucoup de crédit à l'armée; le ministre était en sûreté sans armée, par le parti nombreux qu'il s'était dabord fait. Il vit à la fin, que le Portugal sans armée serait continuellement en butte aux tracasseries de l'Espagne, et adopta les excellentes mesures du comte de la *Lippe*. Beaucoup de ces institutions ne se soutinrent pas, et ne répondirent peut-être pas à l'attente. Cependant la dernière guerre de la révolution a porté l'attention du gouvernement sur l'armée; la campagne contre les Français, en Roussillon, a sans doute été très-utile, ainsi que les efforts qu'on a faits depuis, qui ont porté l'activité dans l'armée. Il manque toujours de bons officiers; on estime trop peu les capitaines et les officiers d'un rang inférieur, quoique tout dépende d'eux; aussi leur solde est-elle trop modique. On appelle des généraux étrangers dans le pays, qui ne connaissent pas la nation, qui sont haïs et même tournés en ridicule par les officiers et les soldats. L'armée portugaise ne sera bien organisée que lorsque les Portugais prendront du service dans l'étranger, et qu'ils retourneront ensuite pour défendre leur pays. Ceci n'a eu lieu que très-rarement; cependant le chef d'un régiment d'infanterie, à Lisbonne, *Gomes freire de Andrade e Castro*, en offre un exemple. Au reste, l'armée est commandée par deux feld-maréchaux (Voy. *T. I*, *p.* 182.), trois généraux de l'infanterie, de la cavalerie et de l'artillerie, un quartier-maître général, trois inspecteurs-généraux de l'infanterie, de la cavalerie et de l'artillerie ; neuf lieutenans-généraux (*Tenentes Generaes effectivos*) et beaucoup d'autres qui n'en portent que le titre ; douze maréchaux de camp (*Marechaes de campo*), vingt-quatre brigadiers (*brigadeiros*). Les autres grades sont : colonels (*Coroneis*), lieutenans-colonels (*Tenentes - Coroneis*), majors (*Sergentos mores*), etc. On voit par-là, que cette petite armée ne manque pas d'officiers supérieurs ; circonstance qui a beaucoup de suites fâcheuses, le mépris des grades inférieurs, et la modicité de la solde des officiers subalternes.

3°. *Voyages dans l'Alemtejo supérieur.*

Nous parcourûmes la province d'Alemtejo dans trois directions différentes. Un quatrième voyage fut entrepris par le Comte de *H....*, d'abord depuis les frontières d'Espagne, près d'Elvas, jusqu'à Lisbonne, voyáge qui a été décrit *T. I.*, *p.* 166, 213. Les montagnes arides entre Elvas et Estremoz, consistent en grez feuilleté ; elles sont couvertes de Ladanum ; mais à une lieue d'Estremoz, nous arrivâmes sur une colline où est situé le village *Mao Porcao*, entre des buissons, des champs et des vergers si agréables, qu'on se croit transporté dans une autre contrée. C'est ici qu'on aperçoit la pierre calcaire lamelleuse, noire et blanche, qui continue jusqu'à Estremoz. Cette pierre calcaire fournit du marbre d'une si bonne qualité, qu'on s'en est servi à la construction de l'Escurial et du couvent de Belem. J'ai dit que la ville d'Estremoz n'était rien moins que belle; cependant ses petites maisons peintes en blanc lui donnent un air de propreté; la place publique est sur-tout agréable; on y aperçoit la citadelle qui a ses fortifications particulières, mais qui est enclavée dans les murs de la ville. Comme nous voyageâmes très-vîte, nous n'eûmes pas le temps de visiter le lieu d'où l'on tire l'argile dont on fait des vases qu'on envoie d'Estremoz dans les autres parties du royaume, et sur-tout en Espagne. Ces vases sont de l'espèce de ceux décrits *T. I.*, *p.* 412; ils sont peu cuits, pour favoriser par leur molesse l'évaporation et la fraîcheur des boissons. Ils contractent un goût argileux, qu'on trouve très-agréable dans les vases fabriqués à Estremoz. D'autres voyageurs donneront des détails plus circonstanciés sur cette argile et la fabrique de vases. J'ai aperçu qu'une couche considérable d'argile se trouvait au-dessous de la pierre calcaire. L'endroit le plus prochain, *Arragolos*, est situé sur une montagne de granit, de façon qu'on le distingue à quatre lieues de distance. Le sommet de la montagne est couronné par un vieux château; le couvent est situé dans la vallée : d'ici l'on va à *Montemor o Novo*, où finit la partie supérieure de la province. Toutes les auberges depuis Elvas jusqu'à Lisbonne sont médiocres et meilleures que celles d'Espagne. La dernière journée depuis *Vendas Novas* jusqu'à *Aldea Galega*, est trop forte, et l'*Estellagem* ou auberge, à *os Pegoes*, fort mauvaise. Vis-à-vis d'Aldea Galega, sur une hauteur, est située l'église de *Nossa Senhora de Atalaya*, (non pas *Attaraya*, comme il est dit *T. I.*, *p.* 199).

Le second voyage se dirigea de Lisbonne

par *Palma*, *Porto de Lama*, *quinta de D. Rodriguez*, *Messejena*, *Panoyas*, *Garvao*, et a été décrit *T. II*, *p.* 111, 120. Je ne saurais rien ajouter sur cette triste contrée; j'ai cependant répété le nom des endroits, à cause de quelques fautes typographiques. Nous retournâmes par *Mertola*, *Serpa*, *Vidigueira*, *Evora*, *Montemor o Novo*, par la partie la plus agréable et la plus fertile de la province, et par le plus grand désert sur les montagnes de schiste sablonneux, entre *Mertola* et *Serpa*.

Nous vîmes la ville de *Beja* à quelque distance, mais nous n'y entrâmes point. C'est le chef-lieu de la maison royale des princes et des princesses (*casa do Infantado*), par conséquent une *Ouvidoria*. Le pays est non seulement fertile, mais on y trouve beaucoup de plantes en été, sur-tout des plantes d'Espagne, peut-être à cause de sa situation élevée, la *nigella hispanisca*, la scabieuse, etc. Les antiquités qu'on a découvertes à Beja, prouvent que *Pax Julia* était située dans les environs : c'est ainsi que Mertola était l'ancienne *Myrtillis*, autrefois ville grande et riche; elle pourrait le devenir encore. Le pays est fertile et la Guadiana est navigable jusques dans cet endroit. *Pombal* fit commencer une belle route dans les voisinages de Mertola, pour ouvrir une communication avec sa nouvelle ville, dans le Algarves; mais cette route n'est pas longue : le chemin le plus direct à Villareal, dans les Algarves, passe par Sétuval à Alcacer, de-là à Mertola, où l'on descend la Guadiana.

Les environs de *Vidigueira*, entre Beja et Evora, sont les plus agréables et les plus fertiles de la province, et dédommagent amplement des landes de l'Alemtejo inférieur. Le vin de *villa de Frades*, (et non *Erades*), était célèbre il y a 200 ans. Il est assez singulier qu'on ne fasse point mention, dans les anciens écrits, du vin de Porto et du Douro supérieur; il est possible qu'il ne fut pas d'une aussi bonne qualité. Il est constant que ce n'est pas le meilleur vin de Portugal, mais il croît dans un pays d'où il peut être facilement exporté; et les besoins de l'Angleterre, à cause de ses guerres fréquentes avec la France et l'Espagne, ont rendu cette exportation importante. Sur le chemin de Vidigueira à Evora, on voit à gauche la *Serra de Vianna*, montagne de granit, où l'on a trouvé autrefois du minérai; nous les recommandons aux minéralogues, pour y faire des recherches exactes : nous recommandons également aux botanistes, la *Serra de Ossa*, qu'on voit distinctement depuis Evora, parce qu'on dit que la végétation y est très-riche; nous n'eûmes pas occasion de la visiter.

En 1799, le Comte de *H....* fit un dernier voyage à *Portalègre* et *Marvao ;* il passa le Tage près d'*Abrantes*. On traverse pendant huit lieues, jusqu'à *Gafete*, et pendant quatre lieues de là, à *Portalegre*, un pays désert, tantôt montagneux et tantôt plat, qui n'est varié que par la belle route établie sur un fond de granit. Ce n'est qu'à une lieue de Portalègre qu'on arrive dans des vallées variées par des buissons et des arbustes. On voit quelques vignobles et des châtaigniers; ensuite on tourne une colline qui reste à gauche, et on se trouve tout près de la ville; elle offre un aspect très-singulier : cette colline, située dans une haute vallée, est couverte de maisons, et la ville ressemble à un cône. Ce n'est que d'un côté que part une rangée de maisons qui s'étend jusqu'à une grande place ; c'est là que se trouvent les bâtimens de la manufacture de draps. La colline de la ville est adossée à une autre montagne, sur laquelle on remarque peu de culture; et un petit château en ruines en occupe le sommet. Au reste, Portalègre est une ville (*cidade*), une *praça de armas*; a un gouverneur, un *corregedor*, un *juiz de Fora*, un évêque, etc. C'était autrefois une forteresse dont on voit encore maintenant les murs; elle était plus peuplée qu'aujourd'hui, enfin, sous tous les rapports, plus considérable. Cependant la manufacture de draps est, après celle de *Covilhao*, la plus importante du royaume.

De loin on aperçoit une haute chaîne de montagnes dans le voisinage de Portalègre; c'est la *Serra de Mamède*, qui en est éloignée de deux lieues. Le chemin monte derrière la citadelle, et conduit dans des plantations de châtaigniers qui règnent pendant une demi-lieue. Ces arbres sont, soit de haute futaie, soit de bois taillis, comme à Monchique, pour en faire des cercles de tonneaux, etc. Le beau port de ces arbres, leur vaste feuillage d'un vert foncé, l'ombre qu'ils répandent offrent les promenades les plus agréables; on voit aussi quelques vignobles dispersés. Cette belle végétation, qui surprend dans ces déserts, s'étend d'ici à *Castello do Vide*, dans une longueur de deux lieues, et dans une largeur d'une demi-lieue, le long des montagnes qui se dirigent du sud-ouest au nord-est. Après avoir traversé cette forêt de châtaigniers, on aperçoit de nouveau la *Serra de Mamède* qui contraste singulièrement avec la beauté du paysage qu'on vient de quitter. Elle consiste en trois à quatre montagnes pelées, couvertes de pierres, sur lesquelles on n'aperçoit d'autre objet qu'un hermitage habité par deux moines, situé à une demi-lieue de la cime la plus élevée. La montée est plus ennuyeuse que difficile; la pente n'est pas escarpée, mais couverte de pierres détachées. Depuis le sommet on a une vue très-étendue, mais peu agréable, parce qu'on n'aperçoit que les déserts jusqu'aux frontières d'Espagne, les coteaux d'Elvas et d'Estremoz, et la triste contrée de Castello-Branco. La montagne est aride; en deçà de l'hermitage, on trouve une source d'eau excellente. Les montagnes sont composées de schiste sablonneux.

Le châtaignier (*castanheira*) est cultivé avec beaucoup de soin dans ces contrées, autour de *Portalègre*, *Marvao*, *Castello do vide*, et *Alegrete*. Il y a des forêts sauvages et cultivées de cet arbre (*soutos bravos e mansoi*). Dans l'une et dans l'autre on sème et on plante cet arbre, mais dans les premières il n'est point greffé. Les arbres qui n'ont point été greffés sont plus rapprochés, et on leur fait prendre une plus grande élévation. Ceux qui ont été greffés, doivent rester à une distance convenable, pour que leur feuillage s'étende, et qu'ils donnent plus de fruits. Pour semer une forêt de châtaigniers, il est nécessaire de détruire préalablement les arbustes, comme les cistes, le genêt, etc.; ce que les Portugais nomme *matto*. On se sert, pour cet usage, à Portalègre, d'un instrument à deux tranchans, nommé *faianca*, avec lequel on coupe les racines. Cet opération a lieu dans l'automne et en hiver ; au printemps on sème dabord du millet dans ce terrain, et après qu'il a été récolté, du froment et des châtaignes à-la-fois. Si le bois des châtaigniers doit servir, on n'a qu'à récolter deux fois du froment, et dans ce cas on ne greffe point les arbres ; si au contraire on les greffe pour qu'ils portent des fruits, on le fait jusqu'à ce que les arbres ombragent tout, parce qu'ils ne doivent pas être aussi rapprochés que les précédens. On plante aussi des châtaigniers dans les endroits où on ne peut point labourer, et on prend pour cet effet les jeunes boutures des autres forêts. On plante ces arbres en automne et au printemps. Lorsque l'arbre sauvage, c'est-à-dire, celui qui n'est pas destiné à être greffé, a atteint l'âge de six ans, on le débarasse des branches superflues (*alimpaçao*) ; et après deux ou trois ans, on commence à les élaguer, c'est-à-dire, à couper les jeunes arbres qui sont trop rapprochés. Ce travail se nomme *desbaste ;* on obtient par-là de jeunes branches (*aguilhados*), qui servent à conduire les bœufs ; *varejões*, des échalas pour les vignes, etc. ; *faeiros*, du bois pour la construction des charettes ; *arcos*, des cercles de tonneaux. Après deux ou trois ans, on répète cette opération qui produit alors de plus grandes lattes, *ripas*. Lorsque l'arbre a dix-sept ans, il peut servir comme bois de construction. Les arbres destinés à être greffés, sont élagués de bonne heure, les jeunes rejetons servent à planter, et on les greffe à la dixième année. On greffe entre l'écorce (*de garfo*) (1). Des arbres greffés donnent une plus grande quantité et de meilleurs fruits; on les distingue, parce que la pelure intérieure se détache aisément du fruit. Les châtaignes qu'on a cueillies, sont séchées près d'un petit feu, et l'écorce extérieure en est détachée, en marchant dessus. On les envoie dans toute la province et à Lisbonne.

Il y a aussi, autour de Portalègre, beau-

Voyez *Memoria acerca da cultura e utilidade dos Castanheiras na comarça de Portalegre. Por Joaquim Pedro Fragoso de Siqueira. Memor. economic. da Academ. da Lisboa*, tome II, page 295.

coup de chênes avec des glands que l'on peut manger. J'ai parlé de cet arbre, *T. I*, *p.* 152 et 191. Il est étonnant qu'un arbre aussi remarquable, qui forme, en Espagne et en Portugal, des forêts entières, dont les fruits sont mangés dans et autour de Madrid, et que l'*Ecluse* a décrit il y a plus de deux cents ans, soit si peu connu des botanistes modernes. *Linné* a confondu cette espèce avec le *quercus ilet*, arbre de la France méridionale, dont on ne peut pas manger les glands. Ce ne fut que *Desfontaines* qui donna une description détaillée de cet arbre, dans les Mémoires de l'Académie des sciences de Paris, de l'année 1790. Il le nomma *quercus ballota*; il le désigna de même dans sa *Flora Atlantica*, *T. II*, *p.* 350. Il le trouva près d'Alger, et il supposa que l'arbre espagnol et portugais était le même. Je pense que nous sommes les premiers qui ayons fait des observations exactes sur cet arbre en Portugal et en Espagne, et avons déterminé son espèce.

Marvao est à deux lieues, et au nord-est de Portalègre. On sort par le même chemin par où l'on est arrivé; ensuite on détourne à droite sur le revers septentrional, qui est couvert de châtaigniers et bien arrosé. On monte sur une montagne aride qui se termine en un plateau élevé. Ensuite on voit quelques collines, au pied desquelles coule le ruisseau de Marvao, que l'on traverse. Alors on aperçoit une grande plaine assez bien cultivée, le *Prado de Marvao*, bornée par des montagnes arides et rocailleuses; dans le fond, on voit paraître, sur les montagnes les plus élevées et les plus escarpées, les murs et les fortifications de *Marvao*. Après avoir passé le ruisseau, on voit à droite, à cent pas de la route, du côté du sud-est, une *quinta* qui appartient au marquis de *Tancos*, et qui est affermée au doyen de Portalègre. Cette *quinta* est très-remarquable, parce qu'on y rencontre des vestiges d'une ancienne ville romaine, que les habitans des environs nomment *Aramenha*, mais qui, selon les auteurs Portugais, est l'ancienne *Meidobriga*. On prétend que le sol est couvert d'anciens bâtimens jusqu'à une profondeur d'une à deux toises. En effet en remuant la terre, on trouve des murs, des voûtes, des vases de terre, des médailles, des inscriptions, et sur le fragment d'une statue on voit une tête de femme en relief, qui paraissait bien sculptée. Les murs et les voûtes qui existaient, ont été en partie détruits pour rendre le sol propre à la culture. Dans la cour de la maison on voit beaucoup d'inscriptions bien conservées. Le gouverneur de Portalègre reçoit d'autres petits objets, qu'il envoie au duc de *Lafoes*. Il est à regretter qu'on fasse si peu attention à ces antiquités; on doit s'en étonner d'autant plus, que l'amour des antiquités n'est pas encore éteint en Portugal. Il paraît que les propriétaires de cette *quinta* ont peu de goût.

Le bourg fortifié de *Marvao* est situé sur une montagne haute et escarpée, qui est aride et rocailleuse; mais bientôt la contrée change, et est couverte d'aussi belles plantations de châtaigniers qu'autour de Portalègre, excepté qu'elles sont mieux arrosées. Elles couvrent tout le revers nord-est de la montagne, depuis le sommet jusques dans la vallée. En été, la terre est couverte d'une belle verdure; le *cytisus divaricatus* orne les promenades de ses fleurs jaunes. Le bourg, qui est petit, a une faible garnison, et il est de peu d'importance, considéré comme forteresse. Depuis le sommet on jouit d'une triste vue ; on voit une grande étendue de pays jusques en Espagne, couverte de montagnes et de collines arides, parsemées de fragmens de rochers.

Jusqu'à *Montalvao*, au bord du Tage ; il y a cinq lieues. Le pays est fort agréable jusqu'à *Castello do Vide*, qui est à moitié chemin ; mais ensuite il est désert. *Castello do Vide* occupe la moitié du sommet d'une colline, et reste à droite. *Montalvao* est un bourg misérable et triste. On a encore une lieue jusqu'au bac du Tage. La rivière est ici à une lieue des frontières d'Espagne, d'une largeur de 100 à 150 pas, et coule entre de hautes montagnes schisteuses qui sont très-uniformes et couvertes de broussailles. Elle a apporté quelques plantes d'Espagne ; nous rencontrâmes souvent ici le *loeflingia hispanica*, comme nous l'avons trouvé plus bas au bord des fleuves, mais nulle part ailleurs dans le royaume.

Outre la *Serra de Ossa* dont nous avons

parlé plus haut, les environs de *Villa-Vicosa* et d'*Arronches* méritent l'attention particulière du botaniste; nous n'eûmes pas le temps de la visiter, non plus que les environs de *Villa-Nova da mil fontes*, de l'autre côté de l'Alemtejo, sur les bords de la mer.

CHAPITRE VI.

LE ROYAUME DES ALGARVES.

Observations détachées sur cette province.

Nous parcourûmes les Algarves dans toute leur longueur, depuis le *Cabo de S.-Vicente* par *Lagos*, *Villa-Nova de Pertimao*, *Lagoa*, *Pera*, *Loulé*, *Faro*, *Tavira*, *Villareal*, jusqu'à *Castro-Marino*. Comme il était impossible au comte de *H....*, à cause de ses voyages dans les provinces septentrionales, de retourner aux Algarves, il y envoya, en 1799, un jeune observateur qui nous avait déjà accompagnés dans nos voyages, dans le nord du Portugal. Il resta l'été à Tavira, où il se rendit par Beja et Martola, et revint par *Silves* et *Monchique*. Il nous a communiqué les notions suivantes.

Le thon arrive en été sur les côtes des Algarves, et se dirige toujours du nord au sud. Vers la Saint-Jean il cesse d'avancer plus loin, et bientôt il retourne par le même chemin qu'il est venu. S'il trouve l'eau autour de Cabo de S.-Vicente agitée et mêlée de vase qui répand souvent une mauvaise odeur, il s'éloigne de la côte et va en Afrique. C'est ainsi que dans l'été de 1799, on ne pêcha que cent thons à *Tavira*. Dans les temps brumeux et lorsque l'eau est agitée, ce poisson est très-actif et déchire souvent les filets; mais dans les temps sereins et lorsque l'eau est calme, il est si craintif, que les pêcheurs disent qu'il redoute son ombre. Les Catalans de *Figuerita*, sur la rive gauche du Guadiana, viennent à *Faro*, *Tavira*, etc., y pêchent le thon, le préparent et l'emportent en Espagne. Lorsque ce poisson est pris, on lui coupe la tête, on le vide, on détache l'arête dorsale, et les Catalans lui ôtent encore une partie noire vers le bas-ventre, qui a dabord un bon goût, mais qui, en se corrompant, est la cause que ces poissons ne se conservent pas long-temps. Les Portugais, qui ne préparent ce poisson que pour leur usage, et ne l'exportent point, lui laissent cette partie. Ensuite le poisson est coupé en différens morceaux, encaqué dans des tonneaux; après huit jours on le lave dans de l'eau salée, et on le met dans d'autres tonneaux; le sel donne la couleur rouge à sa chair.

On pêche le thon avec de grands filets attachés par une amarre, et qu'on nomme *almadrava*; dans un des coins de ce filet se trouve l'appât. S'il y a assez de poissons, on descend un autre filet dans celui-ci, et à un signal donné, on le retire; lorsque les poissons sont hors de l'eau, on les tue avec des crochets de fer, ce qui se nomme *capezar*. Les pêcheurs sont obligés de donner la vingtième partie de leur pêche, et ce n'est qu'à cette condition qu'on les laisse retourner dans leurs foyers; une barque de pêcheurs coûte 6 à 7 *moedas de ouro*, environ 240 à 280 francs (1).

---

(1) Celui qui veut connaître exactement le rapport des monnaies portugaises aux nôtres, peut le voir dans beaucoup de livres. Pour la commodité du lecteur, j'en citerai quelques-

Les sardines se trouvent en hiver sur les côtes ; en été le thon les chasse. Elles vont par troupes comme les harengs. Lorsque d'autres poissons s'y sont mêlés, on les met à part quand on les sale. Après que les poissons ont resté huit jours dans la saumure, on les retire. Les femmes les enfilent sur des petites baguettes de bois ; et les hommes les lavent avec de l'eau de la mer. Ensuite on les sale de nouveau, et on les encaque dans des tonneaux dont le fond est percé; on presse le poisson, et on recueille l'huile qui en sort avec la saumure. Elle sert à calfeutrer et à faire du savon. Ensuite les sardines sont séchées, fumées, etc.

Aux environs de Tavira il y a beaucoup de terreins incultes où l'on ne voit croître que le houx et le caroubier. Les pauvres ramassent les fruits de ces derniers, en donnent quatre cinquièmes aux propriétaires, et avec le reste

---

unes. 100 *reis* = 1 *tostao* = 5 *vintems* équivalent à 15 sous ; ainsi 600 *reis* forment 4 livres, 10 sous ; un *cruzado novo* = 480 *reis*, 3 livres 4 sous ; un *moeda de ouro* contient 4800 ; une *peca*, 6400 *reis*.

20...

ils engraissent les cochons. Ils s'occupent toute la journée à faire des nattes (*esteras*) et des corbeilles de feuilles de houx; des enfans de cinq ans y travaillent également, en divisant les feuilles.

La cause pourquoi on ne fait pas d'aussi bonne huile aux Algarves qu'on devrait s'y attendre, est, selon l'assertion des cultivateurs du pays, parce qu'on ne recueille pas les olives à-la-fois, mais par intervalle; qu'on n'y mêle point de sel, et qu'on ne fait pas écouler l'eau qu'elles donnent lorsqu'elles sont entassées. J'ajouterai aussi qu'on ne cueille point les olives, mais qu'on les abat. Les propriétaires des pressoirs à l'huile en rendent la qualité plus mauvaise, parce qu'ils ne nétoient pas leurs pressoirs lorsque de la mauvaise huile y a été pressée, ou qu'ils changent les olives. Ce n'est qu'à *Loulé* qu'on donne une attention particulière aux pressoirs; on les fait fermer pendant la nuit par ordre de la police, et on a soin de les faire nétoyer.

Le figuier qui porte les figues dont on se sert pour la caprification (*figos de toca*), a des feuilles plus larges que les autres espèces.

Ses figues mûrissent à la fin de juin et au commencement de juillet; elles ont la forme d'une poire, et contiennent des fleurs mâles et femelles dont notre ami nous a donné une description exacte. Dans chaque fleur se trouve l'insecte qui sort par une ouverture dans le calice, et qui paraît au jour lorsqu'on ouvre la figue. Lorsque les premières figues sont mûres, d'autres paraissent et ont déjà une certaine grosseur au mois d'août; de ces figues pourries sort, au printemps, l'insecte qui attaque les *figos de toca*.

A Tavira, on cultive une espèce de figuier qu'on nomme *lampeiras*. Il donne deux récoltes (*camadas*) par an; les premières figues se nomment *lampos*, mûrissent en même-temps que les *figos de toca*, et n'ont pas besoin de celles-ci; elles ne contiennent que des fleurs femelles. La seconde espèce se nomme *vendimos*; elles n'ont également que des fleurs femelles, et tomberaient si elles n'étaient point piquées par les insectes des *figos de toca*. Celles qui ne sont point piquées restent petites, dures; ne sont pas rouges intérieurement, et n'ont pas le suc que reçoivent celles qui ont été piquées; les pepins sont plus grands que ceux des figues piquées. Le *figo enchario* mûrit au mois de septembre ; il a besoin des *figos de toca* ; l'arbre ne donne qu'une seule récolte. Sur les bords de la Guadiana on cultive une espèce de figuier qui ne donne qu'une récolte, mais ses fruits n'ont pas besoin de la caprification ; on les nomme *figos travos*.

Ainsi voilà l'explication probable de la caprification. Elle ne sert pas à la fructification comme on l'a cru ; des figues femelles mûrissent sans elle ; les graines, dans les figues non caprifiées, sont plus complettes que dans celles qui ont été piquées. Mais dans les figues tardives, la nature développe la semence, et le fruit en est moins succulent. L'insecte détruit les vaisseaux qui contiennent la semence, et c'est ainsi que le suc est conduit dans le fruit. Ceci s'accorde avec d'autres observations. Plus le fruit est doux et succulent, moins la semence est développée ; et *vice versâ*, dans les fruits les plus succulens la semence est totalement détruite. Ce que nous nommons *amélioration des arbres fruitiers*, n'est que leur affaiblissement, et détruit l'action de la fructification, objet constant de la nature abandonnée à elle-même.

Il y a aux Algarves deux différentes espèces d'aloès dont on se sert comme buissons; d'abord l'aloès pite, nommé *piteira* (*agave americana*), et ensuite une espèce appelée *bavose* ou *babosa*. Cette dernière a des feuilles minces, alongées et jaunâtres; elle fleurit en hiver. Sa tige est plus petite et plus mince; on n'en fait aucun usage, au lieu que celle de l'aloès commun sert à la construction des maisons et des cabanes. On la nomme *babosa*, parce qu'elle contient beaucoup de suc, de *baba*, salive; elle a des fils plus longs et plus blancs que l'aloès ordinaire, mais dont la préparation est plus difficile. On s'en sert pour faire une espèce de corde (*barasses*); et pour cet effet, on fait pourrir les feuilles que l'on tord ensuite.

La route, depuis Monchique jusqu'aux bains, que j'ai dit être mal entretenue, a

---

Comparez. Observations d'*Alibert* sur les coins. Voyez *Magaz. encyclop.*, l'an III, tome VI, page 145.

été réparée par ordre du gouverneur des Algarves, par corvées; elle est maintenant fort bonne. Sur la *Serra de Monchique*, on retire des racines de cistes et d'autres arbustes, des charbons qu'on embarque à *Odemira*, à sept lieues d'ici, et qu'on envoie à Cézimbra, etc.

La société pour les progrès de la géographie, dont j'ai parlé plus haut, termina en 1797 ses travaux sur les Algarves. Je communiquerai les résultats du dénombrement qu'on a fait à cette occasion; je desirerais en faire autant des autres provinces, mais j'ignore si on y a fait un dénombrement. Peut-être qu'il présentait de plus grandes difficultés qu'aux Algarves.

	Hommes.		Femmes.		Total.
Monchique.	2326	=	2483	=	4809
Aljesur.	728	=	711	=	1439
Sagres	98	=	114	=	212
Villa do Bispo. . . .	280	=	293	=	573
Lagos	4216	=	4264	=	8480
Villanova de Portimao.	1645	=	1818	=	3463
Silves	5126	=	5215	=	10341
Alba Feira. . . .	2123	=	2300	=	4423
TOTAL	16542	=	17198	=	33740

	Hommes.		Femmes.		Total.
CI-CONTRE . .	16542	=	17198	=	33740
Lagoa	2271	=	2523	=	4794
Loulé	6379	=	6869	=	13248
Faro.	9917	=	10093	=	20010
Tavira	6123	=	6664	=	12787
Villaréal	1010	=	1018	=	2028
Castro-Marino. . .	1716	=	1731	=	3447
Alccutim	2967	=	3004	=	5971
TOTAL . . .	46925	=	49100	=	96025

Les villages et les maisons dispersées sont compris dans la ville au territoire de laquelle ils appartiennent; ainsi ils font partie de ce dénombrement. En général, il y en a fort peu. La population a donc augmenté depuis 1780 de 2553 ames. Le grand nombre de femmes n'étonnera pas, si l'on considère que les Algarviens sont les meilleurs marins, et qu'il y en a beaucoup parmi les matelots de la flotte, des vaisseaux marchands et des bateliers sur le Tage. A cette occasion j'ajouterai quelques mots sur la marine du Portugal.

Dans les années 1797 et 1798, le gouvernement avait dix vaisseaux de ligne et seize frégates en état de servir. Il existe bien un plus grand nombre de vaisseaux de guerre; mais j'ignore s'ils sont en état de tenir la mer. Les vaisseaux de guerre sont construits au Brésil; on emploie pour cet usage les excellentes sortes de bois de ce pays. Le corps du vaisseau consiste en bois de Brésil, l'intérieur en bois de pignons et de pins maritimes. Des officiers de marine anglais que j'ai eu occasion de consulter à ce sujet, sont convenus que ces vaisseaux sont bien construits et qu'ils sont fins voiliers. Ils se rapprochent, sous ce rapport, des nouveaux vaisseaux de guerre espagnols, qui, à ce que l'on sait, sont les meilleurs de leur espèce. Les matelots ne manquent ni de courage ni de discipline. Ils sont adroits et obéissans, et pourraient encore servir à exécuter les choses étonnantes qu'ils firent lorsqu'ils étaient commandés par les conquérans de l'Inde. Mais il n'en est pas de même des officiers. Il y a au reste un *almirante graduado* (amiral en titre), trois vice-amiraux en titre; cinq chefs d'escadre effectifs, et huit en titre; onze chefs de division et cinq en titre; vingt-neuf *capitaens di mar e guerra*, et deux *graduados*; vingt-neuf capitaines de frégates. On voit par là qu'il ne manque pas d'officiers. Dans l'histoire moderne, je ne connais aucune action, aucun combat naval où les Portugais se soient couverts de gloire; aussi l'escadre qui a croisé dans la dernière guerre avec les Anglais dans la Méditerranée, n'a rien fait de remarquable. On rapporte (peut-être par plaisanterie) que le vaisseau amiral n'a jamais passé la barre du Tage sans toucher.

CHAPITRE VII.

Coup-d'œil général sur tout le Royaume.

Les Pyrénées séparent d'une manière remarquable la péninsule d'Espagne du reste du continent. Toutes les chaînes de montagnes de la France méridionale se terminent à ces montagnes ; leurs promontoires, peu élevés, forment des angles droits avec la chaîne principale des Pyrénées; une plaine étendue règne le long de celle-ci. On s'attend à la voir s'aplanir vers les bords de la mer, et on voit s'élever les masses gigantesques du Marboré et de la Maladetta. Les Pyrénées ne s'annoncent pas, comme les Alpes de la Suisse, par des chaînes de montagnes telles quc le Jura et les Alpes de la Souabe et de l'Autriche ; leur promontoire est le pic du midi élevé à 9036 pieds au-dessus du niveau de la mer.

Semblables à des rayons qui partent des Pyrénées, les chaînes de montagnes s'étendent dans la péninsule. Deux longues chaînes liées aux Pyrénées déterminent leurs frontières; la septentrionale passe par la Biscaye, les Asturies, une partie de la Gallice, et se termine au cap *Ortegal;* l'autre s'étend par la Catalogne et Valence jusque vers Murcie. Les autres montagnes de la péninsule sont aussi peu liées avec les Pyrénées qu'entre elles; elles s'élèvent partiellement à une hauteur différente, mais toutes observent une direction plus ou moins divergente vers le sud-ouest, et paraissent des membres dispersés d'une grande chaîne. Que l'on compare la direction de *Guadarama*, de la *Sierra del Pico* et de *Gata*, les montagnes du Tage, de la *Sierra Morena* et de la *Alpajurra* en Espagne; ensuite la *Serra de Gerez*, *de Estrella*, *de Cintra*, *da Arrabida*, *de Monchique* en Portugal; et on trouvera une grande coïncidence dans les chaînes de montagnes. Enfin, là où l'Europe paraît pour ainsi dire coupée, les rayons sont interrompus du nord au sud par les montagnes calcaires, depuis Coimbre jusqu'à Lisbonne.

Le Portugal est un pays couvert de montagnes. Je ne connais que deux plaines de quelque étendue; la plaine au midi du Tage, dont celle de Santarem est une continuation, et la plaine à l'embouchure du *Vouga*. Quelques petits plateaux, par exemple, les environs de Chaves, de Viseu, le *campo de Villariça*, influent peu sur l'aspect du pays en général. Cette multitude de montagnes et de collines rapprochées, répand beaucoup de monotonie sur ce pays; elles bornent sur-tout la perspective. On ne jouit d'une vue belle et étendue que sur le sommet de la *Serra da Arrabida* et *da Foia*, dans les Algarves. Mais ce pays présente une foule de belles vallées et de coteaux rians; la province du Minho est une suite de vallées délicieuses; Coimbre, Lisbonne, Monchique, Portalègre, Fundao, offrent des perspectives enchanteresses. On a choisi les endroits les plus agréables pour la culture; les premiers habitans, comme inspirés par un esprit poétique, cherchèrent les sites les plus pittoresques pour bâtir leurs villes.

Les montagnes les plus élevées du Portugal sont constituées de granit. Cette pierre primitive se trouve dans beaucoup d'endroits; toute la province du Minho et la partie septentrionale du Traz os Montès en sont formées. Ensuite il compose la Serra de Estrèlla, montagnes les plus élevées du Portugal, et il reparaît de nouveau près de Cintra. Au midi du Tage, les montagnes de granit s'étendent par Portalègre, Elvas, jusqu'à Beja; et le sommet le plus élevé de ces contrées, la *Serra de Foia*, est composée de granit. D'autres montagnes primitives sont très-rares dans ce pays; le granit, là où il est mêlé de schiste, est par couches, et passe dans celui-ci par un mélange qui ressemble au schiste micacé. La pierre calcaire compacte se transforme dans le Traz os Montès en vrai schiste micacé; car, outre cette province, on ne voit point de montagnes qui consistent en schiste micacé pur.

Une masse énorme de grès schisteux couvre une grande partie du pays. Quoique sa couleur soit différente, il fait cependant partie des montagnes primitives, et contient du schiste micacé. Il couvre le granit et les espèces de pierres schisteuses. Les montagnes frontières des Algarves, toutes celles d'une hauteur moyenne dans l'Alemtejo, les montagnes du côté de Beira et Castello-Branco, et la chaîne de montagnes qui accompagne le Douro, en sont formées. La formation de ces montagnes provient évidemment du midi; elle amoncela autour de la *Serra de Monchique* ses masses de montagnes; elle ne laissa libre que le sommet de la *Serra de Foia*, se répandit sur l'Alemtejo, dans l'angle du Beira, et entoura la *Serra de Estrella* de tous côtés, jusqu'à ce que des montagnes de granit, dans le nord, lui eussent opposé une digue. Il paraît qu'à cette espèce de montagnes est subordonnée l'ardoise du Zézeré et le schiste argileux sur le sommet du Marao. Il paraît que le schiste micacé sur les montagnes de granit de l'Alemtejo a été détaché par les grandes pluies de ces contrées, qui en remplirent les plaines de sable vers la mer et le Tage.

La pierre calcaire primitive forme une suite de montagnes entre Lisbonne et Coimbre, comme la *Serra de Lousaa*, *Porto de Moz*, et le *Monte-Junto*, ensuite la *Serra da Arrabida*, et la chaîne de montagnes qui s'étend jusqu'aux Algarves. La pierre calcaire feuilletée se rencontre près d'Elvas, Estremoz, Cintra et Lisbonne; mais elle appartient cependant à la pierre calcaire primitive. C'est dans cette pierre calcaire primitive qu'on trouve les charbons près de *Buarcos*. Elles contiennent peu de pétrifications. Cette pierre est recouverte par la pierre sablonneuse, cependant peu fréquemment; au *Cabo-Espichel* avec des traces de charbon minéral; et sans ceux-ci, sur la *Serra de Açor*, près de *Caldas de Raguza*, et dans quelques autres endroits.

Ce n'est que l'angle près de Lisbonne et au *Cabo de San-Vicente*, qu'a atteint la formation du *Trapp*; et l'opinion judicieuse de *Humboldt* que ce coin est une continuation des montagnes de basalte sur les îles Canaries, n'a rien d'invraisemblable. Nulle part on ne rencontre des traces de volcans brûlans ou éteints; mais il y a une quantité de sources thermales, dont les plus chaudes sortent du granit.

Voilà un court exposé de la minéralogie

de ce pays. Commençons par les sommets les plus élevés des montagnes, pour considérer le règne végétal. Les sapins qui couvrent chez nous les régions supérieures, les hêtres qui ombragent les plaines, ne se trouvent point dans ce pays. Sur les sommités les plus élevées on voit, dans les endroits arrosés, des forêts de bouleaux, et sur les rochers le cormier. Parmi les plantes du nord on voit quelques végétaux singuliers de la flore d'Espagne, qui, accoutumés à une grande variation de chaleur et de froid, ne croissent qu'ici. C'est en vain qu'on cherche beaucoup de plantes alpines; il n'y a que celles des régions inférieures des Alpes qui résistent à la chaleur de ces montagnes en été. En descendant, on arrive dans le nord du Portugal, dans des forêts de chênes, où les arbres sont assez rapprochés pour ombrager les chemins, et assez éloignés pour laisser la liberté des promenades. Les vallées de la province du Minho sont couvertes de forêts de chênes continuelles. Ensuite paraît la région des forêts de châtaigniers, les véritables forêts de ce pays, dont les arbres rapprochés se touchent par leur feuillage. Le revers de la *Serra de Marao*, de la *Serra de Estrella* vers *Fundao*, de la *Serra de Portalègre* et de *Monchique*, en sont ornés ; le châtaignier ne croît point dans les plaines plus chaudes. Au pied des grandes chaînes de montagnes, on trouve les vergers, et en général la culture des fruits est un signe de pays froid. Plus bas paraissent l'arbre à liège, le kermès et le pin maritime, ensuite le citronnier et enfin l'oranger. On ne cultive de bonnes oranges que dans les endroits chauds et abrités. Ces arbres montent cependant depuis les vallées les plus profondes jusqu'à la région des châtaigniers, où ils forment, réunis aux vergers et aux forêts de châtaigniers, les bosquets délicieux de Monchique et de Cintra. L'olivier est encore plus répandu ; on le trouve près des bouleaux du Gerez, et à côté des orangers près de Lisbonne. Enfin, dans les contrées les plus basses et les plus chaudes, on voit fleurir l'aloès d'Amérique, et le dattier s'élever au-dessus des moissons.

Dans les endroits chauds, on chercherait en vain les plantes de la flore du midi de la France et de l'Espagne; il faut cependant en excepter l'Andalousie, qui est encore peu connue. Les végétaux de la flore d'Italie sont encore plus rares; il n'y en a que quelques-uns de la Sicile qui croissent dans le midi du Portugal; le Portugal n'a rien de commun avec l'orient, comme on doit le présumer. Pour trouver des plantes du nord de l'Europe, il faut chercher des marais, qui, comme l'a déjà observé *Linné*, produisent les mêmes plantes dans les climats les plus différens. Dans d'autres endroits, il ne faut pas se laisser induire en erreur par analogie superficielle. On croit voir l'ortie commune, et c'est *l'urtica caudata*, VAHL; on croit trouver la cynoglosse d'Allemagne, et c'est le *cynoglossum clandestinum*, DESFONT. Nous avons observé beaucoup de nouvelles espèces qu'on a confondues sans doute avec celles du nord; nous en eussions découvert un bien plus grand nombre, si les botanistes *Desfontaines*, *Vahl*, *Schousboe* n'avaient déjà observé l'Afrique septentrionale; car la flore des parties chaudes du Portugal ressemble parfaitement à celle de l'Afrique septentrionale. Une flore toute particulière à ce pays, est celle des vallées ombragées et arrosées du Minho, et de quelques parties du Beira. Dans les endroits plus froids de cette province, on voit paraître des plantes de l'Angleterre occidentale. (*Sib-thorpia europœa*, *scutellaria minor*, etc.).

Les landes basses et sablonneuses de l'Alemtejo, et les côtés de Beira et d'Estremadure sont ornés de cistes, de bruyères et d'autres végétaux. Les collines de basalte et les collines calcaires offrent la plus riche végétation. C'est là que croissent les différentes *siliques*, les orchidées et les plantes bulbeuses. Sur les montagnes calcaires plus élevées, on voit les plantes odoriférantes; par exemple, les variétés du thim, les ombellifères, et les plantes épineuses. Aussitôt que l'on parvient aux montagnes schisteuses, commencent les deserts; dans les endroits chauds on voit le laudanum; dans ceux qui sont plus froids, les cistes : ils font le tourment des botanistes. De beaux arbustes ornent les revers des montagnes, sur-tout de celles de granit; par exemple, le *tinus*, le myrte, le laurier et les variétés du genêt. Dans le midi du Portugal, on trouve la *faya* de Madès; les montagnes septentrionales ont un arbre comme un caractère particulier, l'*azeriro* (prunus lusitanica).

Nous avons trouvé en Portugal 1532 espèces de plantes ordinaires, 572 espèces de plantes cryptogamiques. Le Comte de *H*... les a recueillies dans son herbier. Cette grande multitude de plantes, recueillie en trois ans, prouve la richesse du pays, et, j'ose ajouter, nos soins.

Ainsi que les plantes, les petits animaux qui en vivent, les insectes, sont dans la même proportion. Dans les bruyères on trouve des insectes du nord de l'Afrique; sur les revers de l'Estrella, des papillons du midi de la France; dans les montagnes du Portugal septentrional, on observe des scarabées du nord. Les côtes abondent en poissons et en vers; ces animaux y arrivent des mers du nord; d'autres de la Méditerranée vont jusqu'aux côtes des Algarves, et même jusqu'à l'embouchure du Tage. La variété des amphibies rampans n'est pas grande; il manque d'eaux stagnantes où la plupart déposent leurs œufs; le petit lézard se trouve en quantité dans les jardins et les maisons; et dans les champs, la belle espèce verte. Personne ne craint ces jolis animaux, mais d'autant plus le *Gecko*, qui se rencontre assez souvent dans les maisons, même à Lisbonne : je ne me rappelle cependant point que cet animal ait causé quelque accident. Dans les montagnes, surtout dans le nord du Portugal, il y a des serpens venimeux et des vipères; mais le reste du pays en paraît exempt. On n'y voit que quelques espèces de beaux serpens qui qui ne sont point dangereux. Il n'y a pas beaucoup d'oiseaux dans le pays; ces animaux voyageurs ne rencontrent pas dans leur passage cette langue de terre étroite à l'extrémité de l'Europe. Les loups ne sont pas rares dans les montagnes, ainsi que le chat sauvage dans les contrées désertes; la chèvre sauvage habite encore le Gerez. Le cerf, dans la plupart des pays chauds, ne fait point partie des animaux indigènes, mais bien le gros gibier, quoiqu'il soit presque détruit, hors des réserves. Pour les sangliers, il n'y a point de forêts marécageuses; les lièvres sont très-rares; on trouve à la vérité des lapins, mais pas en aussi grand nombre qu'en Espagne. Le pays est peu riche en insectes. Les bestiaux sont d'une beauté et d'une grandeur extraordinaires; le porc domestique est d'une espèce différente; il a les hanches courtes, le dos large, dépourvu de soies, et le poil noir.

Dans beaucoup de parties du Portugal, on voit des grandes routes nouvellement commencées; mais elles n'ont guère que deux lieues de long, et ce ne fut que dans un endroit près de *Lamego* que l'on continua d'y travailler. Autrefois il y avait beaucoup de routes pavées autour de Lisbonne, dont les vestiges forment des chemins affreux. La plupart des routes du pays sont des chemins de traverse pour les petites charrettes; les marchandises sont transportées à dos de mulets; les hommes voyagent sur des mulets, et les femmes dans des chaises à porteur suspendues sur des chevaux. On ne voit que rarement, et seulement autour de Lisbonne, des voitures de voyage. Il y a une bonne diligence de Lisbonne à Coimbre, et des chariots de poste. Les auberges sont généralement mauvaises ; mais elles sont préférables à celles de la Castille, et ressemblent à celles de la Biscaye ; dans quelques grandes villes, on les trouve établies à la manière anglaise ; dans beaucoup d'endroits, la généreuse hospitalité des personnes de distinction, qui a lieu d'étonner, empêche l'établissement des bonnes auberges. Le canal près d'Oeyras, que *Pombal* fit creuser, est le seul du pays. Les mesures pour rendre les rivières navigables et les ports sûrs, sont peu efficaces.

La culture n'est point généralement mauvaise; et si les bonnes méthodes manquent à l'agriculteur, on ne peut cependant pas le taxer de paresse et de négligence. Le Portugal fournit assez de blé pour nourrir ses habitans; il n'y a que les environs peuplés de Lisbonne, où les jardins occupent le sol fertile, où les landes et les montagnes sont voisines, et où la communication avec l'intérieur du pays manque, qui aient besoin d'être approvisionnés par les pays étrangers.

Les vallées du Minho sont parfaitement bien cultivées; Le Traz os Montès est couvert de champs de blé jusqu'au sommet des montagnes; la culture du maïs et des légumes est considérable autour de Coimbre. Dans d'autres contrées, la nature s'oppose à une meilleure culture. Là où le paysan est propriétaire, il est aisé : dans les grandes possessions de la noblesse et des couvens, il afferme les terres à un très-haut prix; et comme le commerce intérieur n'est pas très-étendu, ce n'est qu'avec peine qu'il peut payer ses fermages. Ajoutez à cela les impôts onéreux sur les premiers besoins de la vie, et la cherté dans un pays où arrive presque tout l'or qui se répand en Europe. Dans ces circonstances, les colonies dépeuplent le pays, et enlèvent des bras aux contrées qui en ont sur-tout besoin. Ces causes empêchent aussi l'industrie, sur-tout dans les provinces méridionales.

Le commerce n'est pas tout-à-fait entre les mains des étrangers. Les maisons les plus riches sont portugaises. Les étrangers peuvent commercer avec les colonies; mais il ne leur est point permis d'y aller eux-mêmes ; et ceci les empêche d'y prendre une part active. Si les Portugais ne sont souvent que les commissionnaires des étrangers, ceci provient de leurs rapports avec la première nation commerçante de l'Europe, les Anglais, avec lesquels ils ne peuvent pas trafiquer autrement, ainsi que le défaut de commerce dans l'intérieur du pays. Plusieurs manufactures se trouvent dans un état très-florissant ; mais la plupart de celles qui ont été établies par *Pombal* sont tombées en décadence.

Le Portugal ne peut devenir riche par lui-même. Des colonies n'enrichissent pas un gouvernement ; leur entretien est trop dispendieux. Un tel gouvernement ne peut faire autre chose que de donner des moyens aux individus de s'enrichir ; la fortune de ces derniers soutient alors le gouvernement, comme cela a lieu en Angleterre. On n'a rien fait de semblable en Portugal ; *Pombal* prit toujours de mauvaises mesures : la reine actuelle n'a rien fait.

Des soldats pleins de zèle, qui manquent

des premiers besoins de la vie; des officiers indigens, méprisés, auxquels personne n'a confiance; des officiers étrangers que le Portugais hait comme des aventuriers, et qui se vengent de cette haine par une haine plus forte encore : voilà l'esquisse des forces de terre et de mer.

On voyage par-tout en sûreté dans le pays; une justice sévère surveille le peuple. Mais il ne faut pas offenser des hommes qui ont quelque influence; on aurait à craindre la prison et le bannissement. En général, un coup de poignard est ordinairement la suite d'une offense.

Les hommes se ressemblent par-tout par leurs caractères principaux; je me méfie d'un auteur qui dépeint toute une nation avec des couleurs disparates. Combien de reproches injustes la nation portugaise n'a-t-elle pas eus à souffrir? Il est vrai que les Portugais sont, en général, d'une petite taille; les personnes de distinction ont souvent de l'embonpoint; tous ont une peau moins blanche que les habitans du Nord, et des yeux noirs. Mais lorsque les auteurs veulent trouver dans eux du sang des nègres, ils marquent de la malveillance et de l'ignorance dans ce qui concerne la conformation des nègres. Celui qui nomme les femmes laides, mérite de ne jamais recevoir un regard amical d'une jolie femme portugaise. Il est cependant dommage que la jalousie des Espagnols se soit soutenue ici le plus long-temps.

On dit que les Portugais sont indolens : un peuple paresseux ne pénètre pas dans des contrées éloignées, comme les Portugais le font encore aujourd'hui dans l'intérieur de l'Afrique, des Indes orientales et du Brésil. Mais qu'on jette un regard sur le peuple ; qu'on loue un mulet pour un jour, et que l'on considère le conducteur qui coure à côté. Lorsqu'il n'y a rien à gagner, la paresse ne peut pas être un reproche.

Les Anglais disent que les Portugais sont des hommes perfides ; il n'acceptent pas de duels, mais ils se vengent comme des assassins. C'est sans doute un grand reproche ; mais un défaut ne décide de rien. Lorsqu'en Italie la culture, le commerce, les sciences et les arts fleurissaient plus que dans aucune autre partie de l'Europe, il était très-commun de se venger à la manière des brigands. Si le Comte de *la Lippe* destitua l'officier qui, à l'approche de l'ennemi, quitta son poste, il se conduisit avec sagesse; si, selon la manière des barbares du Nord, il voulait le forcer à accepter le duel, il marqua peu de raison.

On dit que les Portugais sont dévots et fanatiques. Leurs prêtres les conservent dans l'ignorance, et leur rendent la religion la plus agréable possible. Jamais la nation n'a été fanatique, lors même que ses rois l'étaient. Il est certain que par-tout où règne le démon de la hiérarchie, rien ne prospère; tout se détruit dans ses mains. Les prêtres ne sont pas toujours ignorans; mais par-tout il y a un parti qui s'oppose à la saine raison; et malheur au pays où le gouvernement le protège!

On doit attribuer quelques traits caractéristiques à la nation portugaise. Ils ont de la légèreté, de la vivacité, de la loquacité et de la politesse.

Une suite de rois estimables ont gouverné le Portugal, depuis *Alphonse I.*[er] jusqu'à *Jean III.* Leurs guerres continuelles contre la hiérarchie, qu'ils conduisirent avec plus de bonheur, mais aussi avec plus de précaution que les empereurs allemands, prouvent leurs intentions. Ce fut ainsi que le Portugal put paraître dans tout son éclat, sous *Jean II* et *Emmanuel*. L'intolérance des Espagnols gagna *Jean III*; il paralysa le royaume, et le jeune et fanatique *Sébastien* le ruina. Jamais pays n'a été aussi maltraité que le Portugal sous les *Philippes*. Un roi faible monte sur le trône, et l'énergie de la nation l'y maintient. Des cabales de cour, sous *Alphonse VI* et *Pierre II*, accroissent les prétentions d'une noblesse distinguée, mais malheureusement peu fortunée; et *Jean V*, faible, fanatique, prodigue, achève la ruine de l'empire. *Pombal* appesantit un joug de fer sur la noblesse et le clergé, et introduit, comme *Richelieu*, un gouvernement ministériel, pour lequel il possède de l'énergie, mais point de capacité. Une reine faible n'a pu détruire le bien qu'il a fait; mais aussi elle n'a pu réparer ses fautes.

A Versailles, de l'imprimerie de Jacob, place d'Armes, n.° 8.

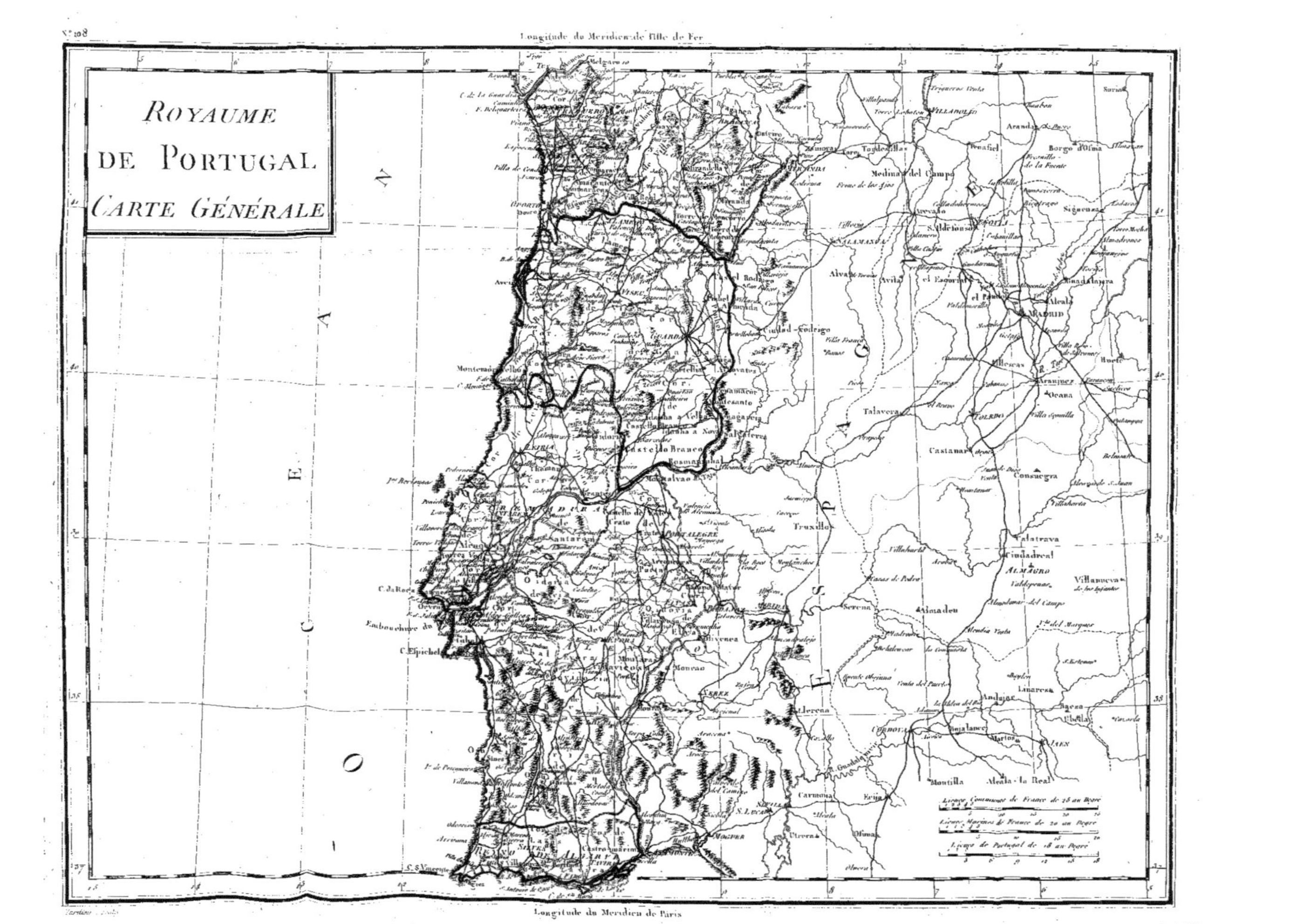
N.° 108
Longitude du Meridien de l'Isle de Fer
ROYAUME
DE PORTUGAL
CARTE GÉNÉRALE
OCEAN
ESPAGNE
Lieues Communes de France de 25 au Degré
Lieues Marines de France de 20 au Degré
Lieues de Portugal de 18 au Degré
Longitude du Meridien de Paris

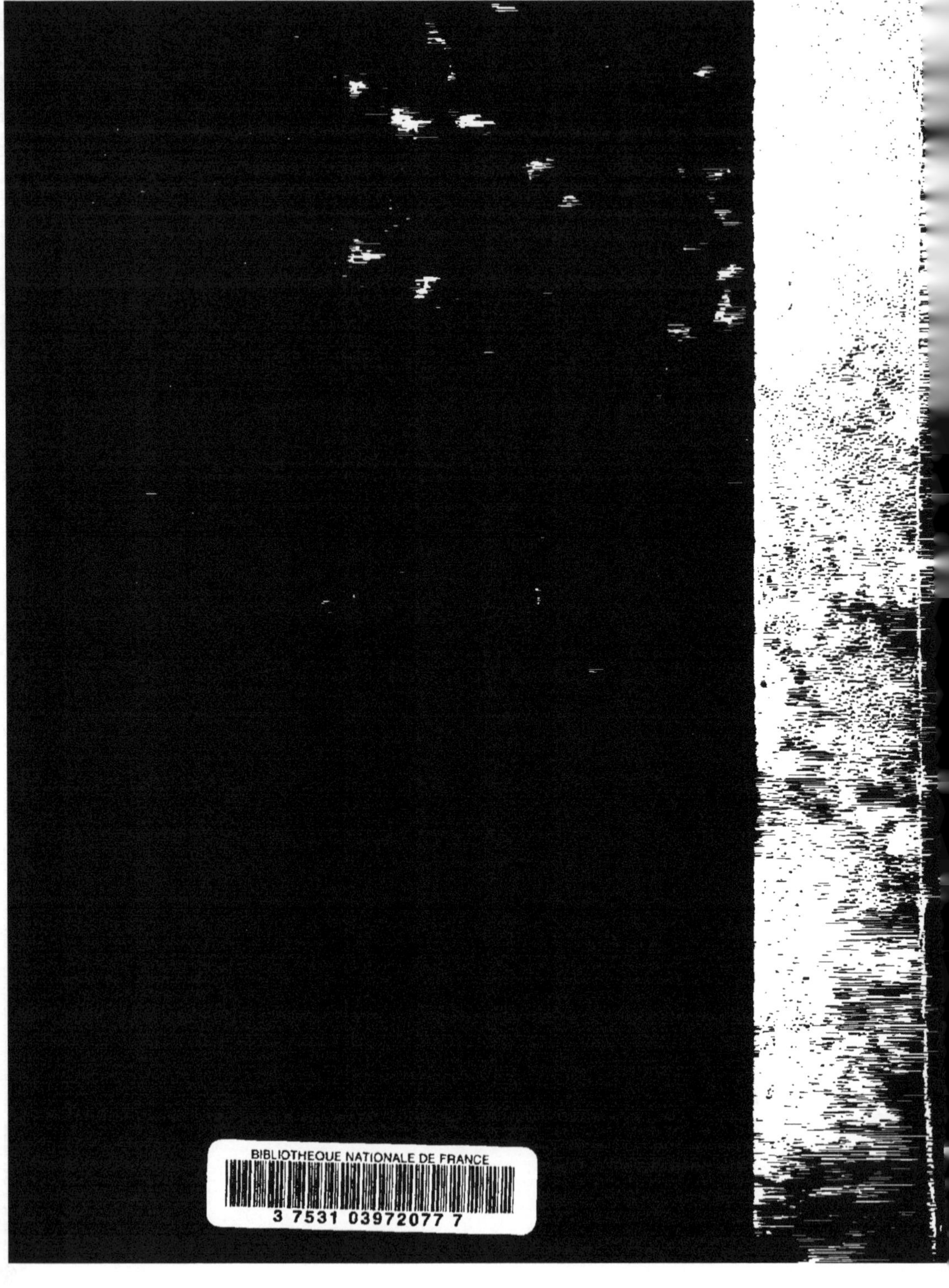